I0429088

LOS 11
TRASTORNOS MENTALES MÁS
SORPRENDENTES

LOS 11
TRASTORNOS MENTALES
MÁS SORPRENDENTES

RICARDO CALZA GONZÁLEZ

www.ricardocalza.es

Está prohibida la reproducción total o parcial de este libro, su transmisión, su descarga, su descompilación, su tratamiento informático, su almacenamiento o introducción en cualquier sistema de repositorio y recuperación, en cualquier forma o por cualquier medio, ya sea electrónico, mecánico, conocido o por inventar, sin el permiso del titular del copyright.

Imágenes de portada:
Funny fluffy cat in a glasses. collage on a white © tiplyashina - Fotolia.com.
Classic Kitchen Room with convenience outlet © hollygraphic - Fotolia.com.
Stethoscope © aliafandi - Fotolia.com.

Foto del autor:
© 2014, José Antonio Domínguez Loureiro.

© 2016, Ricardo Calza González

CreateSpace Independent Publishing Platform
1ª edición (Abril 2016); v4

ISBN-13: 978-1530888436
ISBN-10: 1530888433

Ψ

«La última frontera de este mundo, y quizás la mayor, está dentro de nosotros mismos».
Neil R. Carlson

«La investigación de las enfermedades ha avanzado tanto que cada vez es más difícil encontrar a alguien que esté completamente sano».
Aldous Huxley

«No hay ninguna cosa seria que no pueda decirse con una sonrisa».
Alejandro Casona

ÍNDICE

ESTIMADO LECTOR...

Con esta página comienza el libro que le describirá algunos de los más sorprendentes trastornos mentales que se han descubierto durante el estudio e investigación de las enfermedades y alteraciones que puede presentar la mente de los seres humanos.

Sin duda alguna, la mente humana es maravillosa. Su enorme complejidad y la cantidad de matices y posibilidades que ofrece nos diferencian a unos de otros, conformando nuestra personalidad y nuestra particular forma de ver e interpretar el mundo, y hacen de ella uno de los terrenos por explorar más apasionantes que existen. En nuestra mente, ninguno de nosotros estamos sujetos a las leyes de la física o a las normas sociales, por lo que cualquier pensamiento que tengamos, cualquier idea que se nos ocurra, cualquier deseo que anhelemos o cualquier sueño que imaginemos son posibles. En el interior de la mente se encuentra todo lo que hemos sido, todo lo que somos y todo lo que seremos.

Siendo conscientes de esta innegable belleza de la mente humana, hemos de admitir que entre esas posibilidades casi infinitas hay algunas especiales, tal vez no tan positivas o deseables, pero igualmente apasionantes, que son de las que trataremos en este libro.

Junto a la genialidad, la sensibilidad, la creatividad, el humor o la capacidad de amar, existen en nuestras mentes otras opciones, posibles en prácticamente todos nosotros, que cuando se manifiestan causan enormes cantidades de dolor y sufrimiento. Estas otras posibilidades son las alteraciones, trastornos o desórdenes psicológicos.

Aunque quienes se dedican al campo de la salud mental incluso en esas expresiones de la psicología humana son capaces de distinguir belleza, nunca debemos olvidar que los trastornos psicológicos son los responsables de provocar grandes dosis de sufrimiento, tanto en las personas que los padecen como en su entorno, ya sea por el dolor personal que producen como por la alteración del curso normal de las vidas de quienes las sufren.

Los trastornos mentales en el mundo

La Organización Mundial de la Salud sitúa la tasa de la población mundial afectada por algún tipo de trastorno mental en torno al 13%, y deja muy claro que «los sistemas de salud todavía no han dado una respuesta adecuada a la carga de trastornos mentales». Según los informes de la OMS, en países con renta media o baja, entre un 76% y un 85% de las personas que padecen algún trastorno mental grave no recibe ningún tipo de tratamiento para aliviarlo o curarlo. En el caso de los llamados países ricos, este porcentaje se sitúa entre un 35% y 50% de la población.

Solo por depresión, la OMS calcula que en el año 2012 se vieron afectadas unos 350 millones de personas, lo que corresponde al 5% de la población mundial. A modo de comparación, sirva señalar que el virus del sida (VIH) afectaba en 2012 a unos 35 millones de personas, lo que representaba aproximadamente el 0,5% de la población mundial en ese momento.

Se ha calculado que padecer un trastorno mental severo puede reducir la esperanza de vida entre diez y veinte años, y su impacto sobre la salud se considera equiparable al que sufre un fumador tras años de fumar habitualmente.

En un país como España, con una población de casi 46,5 millones de habitantes, los últimos estudios realizados en 2010 sitúan el número de personas afectadas por trastornos mentales en más de un 18%. De entre todos, el trastorno mental que más incidencia tiene sobre la población es la depresión.

Es necesario decir que las estadísticas referidas a España, ya de por sí altas, han variado dramáticamente desde el último estudio realizado en 2006, cuando la prevalencia de los trastornos mentales era de algo más del 9%. Sin lugar a dudas, la devastadora crisis económica sufrida a partir del 2007 ha jugado un papel determinante en el alarmante aumento de los trastornos mentales entre la población, en especial de la depresión.

Así pues, la presencia en el mundo de los trastornos mentales, de diferente tipo y gravedad, es realmente muy importante. Aunque no padezcamos ningún trastorno en este mismo momento, puede que lo hayamos padecido o lo vayamos a padecer en el futuro (¿quién puede decir que tiene la absoluta seguridad de que nunca va a sufrir depresión, en alguna de sus diferentes intensidades?). Además, debido a su alta presencia entre la población, a lo largo de nuestras vidas tratamos y convivimos con personas que sí padecen algún desorden o alteración psicológica, aunque no nos demos cuenta, ya que a menos que el comportamiento de quienes los sufren los revelen, los trastornos mentales resultan invisibles a los ojos de los demás.

En este libro trataremos sobre algunos trastornos mentales. No serán los que más a menudo se dan, por lo que es probable que la inmensa mayoría de los lectores no conozca a nadie con trastornos como los que aquí veremos. La mayor parte de ellos tienen una prevalencia (número de personas afectadas) baja (aunque en algunos casos, como el síndrome del emperador, han tenido un aumento significativo en los últimos tiempos), pero sin duda alguna todos ellos se encuentran entre los más sorprendentes trastornos mentales, bien sea por lo llamativo del comportamiento que producen, bien por lo desconocidos que son para la mayoría de la población o bien por lo increíbles que algunos de ellos resultan.

Llamar la atención sobre estos trastornos es una forma de divulgar la psicología (intención que persigo en todos mis libros) y a la vez fomentar la comprensión de cualquier tipo de alteración, desorden o trastorno mental, ya que como he dicho anteriormente, ninguno de nosotros está libre de sufrir alguno en algún momento de su vida.

También pretendo ayudar a una mejor comprensión de la, así llamada, enfermedad mental, de manera que contribuya a que se normalice lo que actualmente se etiqueta como enfermedad mental y que sea considerada, de una vez por todas, al mismo nivel que la enfermedad física, sacándola de esa especie de penumbra secular en la que en muchos casos se encuentra todavía, debido a siglos de ignorancia, de incomprensión, de marginación y de estigmatización hacia quienes la padecen o han padecido.

Los trastornos mentales tienen, al igual que las enfermedades físicas, diferentes grados de gravedad, y de la misma manera que estas últimas, buena parte de ellos no tienen por qué suponer para quienes los sufren motivo de exclusión, de vergüenza, de ocultamiento o tratarse de situaciones que definan fatalmente sus vidas. En muchos casos pueden, y deben, ser aceptados como circunstancias temporales, que con el tratamiento y las atenciones adecuadas no tienen por qué suponer más alteración en el curso de la vida de lo que supondría una enfermedad física que pudiera ser considerada de una gravedad equivalente.

La clasificación de los trastornos mentales

La clasificación de los trastornos mentales ha sido desde sus inicios, y por diferentes motivos, un tema muy complejo y delicado.

Entre las razones de esta complejidad están la dificultad que conlleva la medición de las variables psicológicas, psiquiátricas y/o neurológicas que los causan o el estigma social que siempre ha rodeado a la enfermedad mental, que ni siquiera en nuestros días tiene todavía la misma consideración social de normalidad que la enfermedad física (cualquiera de nosotros reconocería con relativa facilidad que ha tenido una enfermedad física, incluso de cierta gravedad, pero es muy probable que ya no lo hiciera tan abiertamente si se tratara de una depresión o algún otro trastorno psicológico).

Aunque en este apartado no seré demasiado exhaustivo para no trasladar al lector la complejidad de este tema (se dan acalorados debates entre los profesionales a la hora de discutir la clasificación de los trastornos mentales), es necesario decir que para diagnosticar los desórdenes mentales los profesionales de la salud mental se guían principalmente por dos manuales, los llamados manuales diagnósticos.

Por un lado tenemos el Manual Diagnóstico y Estadístico de los Trastornos Mentales, conocido como DSM por su siglas en inglés (Diagnostic and Statistical Manual of Mental Disorders), elaborado y publicado por la Asociación Americana de Psiquiatría (APA). Tal vez el más importante y utilizado de los dos, este manual se encuentra, en la fecha en la que escribo estas líneas, en su quinta versión (DSM-5), y es un voluminoso y complejo instrumento que marca los requisitos (los llamados *criterios diagnósticos*) que debe cumplir un trastorno para que sea considerado como tal, es decir, como un trastorno clínico.

Por otro lado está la Clasificación Internacional de Enfermedades (CIE), publicada por la Organización Mundial de la Salud, y que se encuentra actualmente en su décima versión (CIE-10).

Las distintas ediciones del DSM no han estado exentas de controversia, y a menudo han provocado que se levantaran voces críticas respecto a qué debía ser considerado o no un trastorno. Por ejemplo, ha sido frecuente que de una edición a otra «desaparecieran» trastornos, debido a un cambio en los criterios para que fueran considerados como tales, con lo que una alteración que antes era calificada como una enfermedad mental dejaba, al salir a la luz el nuevo manual, de serlo, a pesar de que seguían existiendo personas afectadas por él.

Tal vez sea en la, por ahora, última y quinta edición del famoso manual cuando más controversias en este sentido se han suscitado. Pero a pesar de lo interesante del tema no es mi intención entrar en ellas. Tan solo pretendo hacer ver al lector que el diagnóstico y categorización de lo que debe ser considerado como un trastorno mental es un tema profundamente complejo y que suscita discrepancias aun entre profesionales, por lo que no se debe cargar a la ligera a las personas con las etiquetas que suponen estos diagnósticos, y mucho menos aventurarse a diagnosticar un comportamiento como un trastorno mental sin tener la preparación adecuada.

Intención divulgativa

El libro tiene la pretensión de trasmitir conocimiento a la vez que resultar ameno, lúdico, fácil de leer y contribuir a la divulgación y popularización de la psicología. Para facilitar esta intención divulgadora, no profundizaré en exceso en detalles técnicos o en los criterios diagnósticos de cada trastorno.

Es por esta intención puramente divulgativa que quiero dejar claro que no pretendo en ningún momento crear un instrumento, ni para aficionados ni para profesionales, que sirva para la clasificación de ningún trastorno mental, ya que eso requeriría, por parte del libro, una mayor extensión, profundidad y rigurosidad; por parte de su autor, una mayor investigación; y por parte de los lectores, una mayor preparación y especialización en los campos de la psiquiatría y/o la psicología.

A lo largo del libro hablaremos de alteraciones y trastornos mentales con la intención de que su comprensión y conocimiento pueda ayudar a entender mejor las muchas y posibles variaciones que puede presentar la psicología de los seres humanos, con todo lo que eso implica.

Espero sinceramente que el libro ayude a que ante los trastornos mentales nos obliguemos más a comprender antes que a aceptar sin pensar, a entender antes que a rechazar y a ayudar antes que a evitar. Al menos, ese es mi deseo al escribirlo.

Trastornos clínicos y no clínicos

Como he señalado anteriormente, la clasificación de los trastornos mentales es compleja y suscita discrepancias incluso entre los profesionales de la salud mental.

Hasta hace unos años, y a pesar de las polémicas, la clasificación recogida en los manuales diagnósticos (DSM y CIE) normalmente terminaba por ser aceptada casi unánimemente y utilizada como instrumento de trabajo por los profesionales.

Sin embargo, en los últimos tiempos ha surgido y se ha empezado a divulgar y popularizar una serie de nuevos desordenes y conductas disfuncionales que no siempre están recogidos en esos manuales, al menos tal y como se habla de ellos o se los da a conocer. En ocasiones son variantes de trastornos que sí aparecen en los manuales, pero con nombres con mucho más, digámoslo así, «gancho».

De esta manera, mucha gente conoce y habla ya del Síndrome del Emperador, del Síndrome de Alicia en el País de las Maravillas, del Síndrome de Rapunzel o del Síndrome de Diógenes, nombres mucho más atrayentes que los que tienen los trastornos recogidos en los manuales diagnósticos, que nadie podría deslizar en una conversación sin provocar un largo silencio y huidizas miradas al suelo.

Estoy seguro que los lectores estarán de acuerdo conmigo en que Trastorno Dismórfico Corporal, Trastorno de Apego Reactivo, Trastorno de Identidad Disociativo o Trastorno de la Personalidad Esquizotípica no son nombres que uno oiga habitualmente o que sea capaz de retener con facilidad en su memoria.

Esta nueva ola de trastornos tiene el inconveniente de que en ocasiones, incluso por parte de algunos profesionales, se utilizan a la ligera, y se usan para diagnosticar como trastornos mentales comportamientos que, clínicamente hablando, no lo son. No están recogidos en los manuales diagnósticos, y por lo tanto no tienen la consideración de trastorno o enfermedad mental.

A la vez, esta nueva tendencia tiene la ventaja de que en algunos casos tal vez sirva para llamar la atención sobre nuevos trastornos o alteraciones del comportamiento que aún están surgiendo y a los que no se les ha prestado todavía la debida atención, si es que eso es posible.

Sea como fuere, lo cierto es que aunque no responden a la clasificación clínica mayoritariamente aceptada sí corresponden a conductas reales y observadas en personas, y muy probablemente son el resultado de, por una parte, la necesidad de los profesionales de entender y explicar las posibles variaciones de la psicología humana, y por otra parte, de la necesidad humana de categorizar y clasificar la realidad para entenderla y no temerla.

Por eso, creo que es necesario reconocerles su gancho y tirón mediático, y su contribución a aumentar la sensibilidad del público sobre la enfermedad mental. A pesar de todas las dudas que puedan generar, no se les puede discutir su capacidad para llegar a la gente, debido al interés que sus nombres y su simplificada explicación despierta. Interés mucho mayor que el que suscitan las clasificaciones oficiales, mucho más rigurosas pero también más complejas y difíciles de entender.

Es por esto que aunque no entraré en detalles técnicos para no abrumar al lector, sí incluiré al final de cada trastorno un apartado llamado *Clasificación diagnóstica*, en donde indicaré si ese trastorno figura como tal en los manuales de clasificación de profesionales, si es una variante de uno que ya está recogido en el DSM o la CIE, o si sencillamente no está incluido en ellos y por lo tanto no se debe utilizar nunca para diagnosticar clínicamente la salud mental de una persona. Además, he de reconocer que encuentro cierto placer al pensar que al leer ese apartado algún lector se pueda sentir como un psicólogo o un psiquiatra consultando uno de los manuales de clasificación de enfermedades mentales.

Aclaraciones

Por razones de estilo utilizaré indistintamente términos como alteración, desorden, síndrome o trastorno, aunque realmente no son lo mismo, y su uso, en caso de querer ser rigurosos, debería hacerse atendiendo a un criterio de gravedad.

Los trastornos que veremos en el libro son trastornos mentales, lo que implica que pueden ser puramente psicológicos (sin causa física) o psiquiátricos y neurológicos (con causa física debida a alteraciones, lesiones o enfermedades cerebrales u orgánicas).

Como comprobará a lo largo de la lectura, los trastornos aquí recogidos suscitarán en usted las más variadas reacciones: algunos le parecerán increíbles, otros descorazonadores, alguno le dará miedo, otros despertarán su interés y creo que alguno incluso se ganará su simpatía. Todos y cada uno de ellos son ejemplos de las posibles variaciones que, en sus casos más extremos y por diferentes causas, puede presentar la mente humana. Por eso, y más allá de estas u otras reacciones posibles, creo que estará de acuerdo conmigo en que todos ellos se pueden calificar, sin excepción, como sorprendentes.

El libro, como no podía ser de otro modo en alguien que ha dedicado años de su vida a estudiar la psicología humana, está escrito desde el más profundo respeto hacia todas las personas que han padecido, padecen o padecerán algún trastorno mental, así como a sus familiares y personas de su entorno. Cualquier pensamiento que tenga el lector sobre lo contrario se tratará, sin duda, de una torpeza mía al expresarme, razón por la cual pido disculpas desde este mismo momento y ruego a cualquiera que perciba algo así que me lo haga saber lo antes posible.

Esto es todo a modo de prólogo. Empezamos, y si me permite un consejo, estimado lector, agárrese a donde pueda, porque empezamos fuerte.

Sea bienvenido a las sombras de la mente humana.

SÍNDROME DE COTARD: EL SÍNDROME DEL MUERTO VIVIENTE

El Síndrome de Cotard, también conocido como Síndrome del Muerto Viviente, se caracteriza porque las personas que lo padecen creen que les faltan partes de su cuerpo u órganos internos. Están convencidas de que están muertas y de que no son más que un cuerpo sin contenido, una especie de cáscara vacía sin identidad ni voluntad de ningún tipo.

Jules Cotard

El síndrome de Cotard recibe este nombre por su descubridor (si es que se puede utilizar esa palabra cuando se habla de un trastorno mental), el neurólogo francés Jules Cotard.

Jules Cotard (1840-1889) fue un médico parisino, especializado en neurología y psiquiatría, que se dedicó al estudio del cerebro humano. Más concretamente dirigió sus conocimientos y esfuerzos profesionales al estudio de los daños provocados por los accidentes cerebrovasculares (pérdida de funciones cerebrales debida a fallos en el riego sanguíneo).

El doctor Cotard participó como cirujano militar en la guerra que enfrentó a Francia y Prusia entre los años 1870 y 1871, y el afamado escritor francés Marcel Proust se inspiró en él para diseñar el personaje del profesor Cotard en la novela *En busca del tiempo perdido* (À la recherche du temps perdu), considerada una de las obras maestras de la literatura universal.

Falleció a los 49 años de edad tras un ataque de difteria, enfermedad contraída al cuidar a su hija, que se encontraba afectada por esta dolencia. Valientemente, el doctor Cotard rehusó dejar los cuidados de su hija en manos de otra persona, y con la ayuda de sus atenciones y dedicación finalmente ella sí logró sobrevivir y superar la enfermedad. Lamentablemente, la generosa entrega del psiquiatra al volcarse en los cuidados de su querida hija le costó la vida.

El sorprendente caso de la señora X.

En una comunicación presentada durante una conferencia de la Société Médico-Psychologique, celebrada en París el 28 de junio de 1880, el doctor Cotard describió un caso de lo que bautizó como «delirio de negación».

En su exposición, Cotard relató el caso de una mujer de 43 años (a la que para proteger su identidad llamaba la señora X.) que presentaba una serie de creencias enfermizas que la llevaban a estar segura de cosas tan sorprendentes como que carecía de varios órganos corporales y que no necesitaba alimentarse. La señora X. se veía a sí misma únicamente como un conjunto de piel y huesos, que no poseía ni cerebro ni nervios, y afirmaba que estaba condenada a vivir para siempre, ya que estaba segura que la muerte natural por envejecimiento o por desgaste de órganos vitales, que creía no tener, no podría afectarla.

A raíz de las observaciones realizadas en la investigación de este caso, Cotard dedujo que todas estas creencias eran delirios que estaban asociados con depresión, y los denominó delirios de negación. Con posterioridad, distintos investigadores demostraron que este tipo de ideas delirantes se daban también en personas que sufrían otras enfermedades mentales de carácter severo distintas a la depresión.

Fue unos años más tarde, a partir del año 1887 y a raíz de la publicación de la obra *Le Délire des Négations* del psiquiatra francés Jules Séglás, que comenzó a utilizarse la expresión síndrome de Cotard para referirse a este tipo de delirios.

El Síndrome de Cotard

El síndrome de Cotard, también llamado a menudo el engaño de Cotard (*Cotard delusion*), es entonces una alteración mental que se caracteriza por que la persona que la padece es víctima de una serie de ideas delirantes acerca de su propio cuerpo, las que Cotard definía como delirios de negación.

A este tipo de creencias o percepciones profundamente negativas sobre uno mismo también se les llama *percepciones nihilistas* (el nihilismo es una corriente filosófica que niega a la vida cualquier sentido u objetivo, y toma su nombre de la palabra latina *nihil* que significa «nada»).

Debido a los delirios de negación, la persona afectada por este síndrome cree firmemente que le faltan partes u órganos de su cuerpo, como pueden ser las manos, el corazón, el cerebro, los riñones o las vísceras, y también puede creer que varios de sus órganos se encuentran en estado de avanzada descomposición. Puede también llegar a pensar que no tiene venas o que su sangre ha desaparecido, y en ocasiones cree que el mero contacto con el agua hará desaparecer órganos o partes de su cuerpo, o incluso a ella misma. En los casos más extremos, estos delirios le llevan a decir que no tiene alma, a pensar que está muerta o a creer que no existe más que como un ente vacío, sin funciones corporales de ninguna clase y por lo tanto sin vida.

Las personas que sufren este síndrome son incapaces de realizar las actividades diarias más corrientes, debido a que su estado de ánimo se encuentra dominado por depresión, ansiedad, desesperanza, sentimiento de vacío, bajo nivel de activación física, falta de apetito y somnolencia. Todos estos estados emocionales y psicológicos negativos les hacen propensas a sentir apatía respecto a la vida, a realizar actos de automutilación (como provocarse cortes en el cuerpo), a tener pensamientos suicidas e incluso a cometer intentos de suicidio.

En lo que se refiere a qué origina este trastorno, si bien a día de hoy no se han realizado suficientes investigaciones sobre esta enfermedad debido al escaso número de casos conocidos, generalmente se considera que el síndrome de Cotard se trata de un delirio asociado a otros trastornos mentales que existen de fondo y que revisten suma gravedad, como pueden ser la depresión en su expresión más severa o la esquizofrenia.

También se ha observado este síndrome en personas que han sufrido alteraciones cerebrales, por lo que su presencia se asocia tanto a trastornos psicológicos como a alteraciones neurológicas extremas.

Aclaraciones

Ya que las personas que padecen este desorden refieren que les faltan órganos, en ocasiones se confunde este trastorno con *asomatognosia*, que es la incapacidad para reconocer partes del propio cuerpo.

Sin embargo, la asomatognosia no lleva asociados delirios como los del síndrome de Cotard, del estilo de pensar que algunos órganos se están descomponiendo. Las personas afectadas por asomatognosia no son capaces de reconocer algunas partes de su cuerpo e integrarlas dentro de la percepción general de su físico. Además, la asomatognosia suele ser resultado de accidentes que causan lesiones cerebrales, mientras que se acepta que el síndrome de Cotard es consecuencia de trastornos mentales severos o alteraciones neurológicas.

El porcentaje de población afectada por síndrome de Cotard es muy bajo. No se han hecho suficientes estudios al respecto como para dar una cifra exacta, pero su incidencia es tan baja que se le suele calificar como un trastorno mental raro. Se debe tener en cuenta que la población afectada será siempre aquella que padezca otras patologías mentales de carácter extremadamente grave.

Curiosidades

Hay un grupo de música que ha adoptado el nombre de este trastorno para su formación. Se trata de la banda peruana llamada Cotard Syndrome, perteneciente al género conocido como slam death metal. Entre sus canciones se encuentran títulos tan explícitamente relacionados con este desorden mental como pueden ser *Negation Delirium*, *Life and Death* o *Explicit Clinic Case*.

Debido a lo llamativo y sorprendente de los síntomas de esta enfermedad, en artículos y disertaciones destinados a explicar el síndrome de Cotard se suele comparar a las personas afectadas por este tipo de delirios con muertos vivientes (zombis), llegándose en algunas ocasiones a referirse a él como el Síndrome del Muerto Viviente o el Síndrome del Zombi.

Clasificación diagnóstica

El síndrome de Cotard no está recogido en el DSM-5 ni en la CIE-10. A pesar de la existencia de investigaciones clínicas y artículos científicos desarrollados para su estudio y explicación, el número de casos conocido es demasiado bajo y con lo que se conoce sobre él no se la ha otorgado la clasificación de trastorno mental con entidad propia.

Antes que considerarlo como un trastorno por sí mismo, se lo concibe como un tipo de delirios asociados a otras enfermedades mentales graves, estas sí recogidas en los manuales de clasificación, como es el caso de la esquizofrenia o los llamados trastornos psicóticos.

Referencias

Debruyne, H., Portzky, M., Van den Eynde, F. & Audenaert, K. (2009). *Cotard's Syndrome: A Review.* Current Psychiatry Reports. 11(3). 197-202. doi 10.1007/s11920-009-0031-z

Neogi, R. & Dan, A. (2011). *Cotard Syndrome. A Case Report.* Indian Medical Gazette, 9, 371-373.

Pearn, J. & Gardner-Thorpe, C. (2002). *Jules Cotard (1840-1889). His life and the unique syndrome which bears his name.* Neurology, 58, 1400-1403. doi:10.1212/wnl.58.9.1400

Ramirez-Bermudez, J., Aguilar-Venegas, L. C., Crail-Melendez, D., Espinola-Nadurille, M., Nente, F. y Mendez, M. F. (2010). *Cotard Syndrome in Neurological and Psychiatric Patients.* The Journal of Neuropsychiatry and Clinical Neurosciences, 22:409-416. doi:10.1176/appi.pn.2013.4b2

Ruminjo, A. & Mekinulov, B. (2008). *A Case Report of Cotard's Syndrome.* Psychiatry (Edgmont), 5(6): 28-9. PMID: 19727279 [PubMed]. PMCID: PMC2695744

FUENTES DOCUMENTALES

Berrios, G. E. (2009). *Historia de los síntomas de los trastornos mentales. La psicopatología descriptiva desde el siglo XIX.* México, D.F.: Fondo De Cultura Económica.

Cotard J. (1880). *Du delire hypochondriaque dans une forme grave de la melancholie anxieuse.* Annls med-psychol., 4: 168.

Parra, S. (2012, 20 de enero). *Síndrome de Cotard: zombis que son de verdad.* Madrid: Conec.es, Confederación de Sociedades Científicas de España (COSCE). Consultado en http://www.conec.es/2012/01/s%C3%ADndrome-de-cotard-zombis-que-son-de-verdad

Staatsfeind (2016, 3 de febrero). *Encyclopaedia Metallum. The Metal Archives.* Canadá: Encyclopaedia Metallum. Consultado en http://www.metal-archives.com/bands/Cotard_Syndrome/3540356898

SÍNDROME DE CAPGRAS: EL SÍNDROME DE LOS DOBLES

El Síndrome de Capgras, también llamado Mal de Capgras o Ilusión de Sosias, es un trastorno mental que hace que quien lo sufre esté convencido de que otra persona, normalmente un familiar, un amigo o una persona allegada, ha sido reemplazada por un doble.

La persona afectada por este síndrome cree que un impostor, físicamente idéntico al familiar o amigo por el que se hace pasar, ha reemplazado a la persona original, y todo como parte de un plan para causarle alguna clase de mal.

Joseph Capgras

Este desorden psicológico lleva el nombre del psiquiatra que lo describió por primera vez, Joseph Capgras.

Jean Marie Joseph Capgras (1873-1950) fue un reconocido psiquiatra francés. Tras cursar estudios de medicina en Toulouse, pasó a especializarse después en psiquiatría. Desarrolló la mayor parte de su carrera profesional en el prestigioso Hospital de Sainte-Anne, que en esa época era considerado uno de los más afamados hospitales franceses en los ámbitos de la psiquiatría y las neurociencias, reputación que ha mantenido hasta nuestros días.

Capgras describió la sintomatología del que después sería conocido como el síndrome que lleva su nombre en un artículo titulado *L'illusion des "sosies" dans un délire systématisé chronique* (La ilusión de "sosías" en un delirio sistematizado crónico), publicado conjuntamente con su ayudante Jean Reboul-Lachaux, médico interino, en el año 1923, y que fue divulgado en el Bulletin de la Société Clinique de Médecine Mentale.

Fue un año más tarde, en 1924, en otro artículo que trataba sobre este síndrome cuando sus autores, Depovy y Montassut, denominaron a este trastorno como síndrome de Capgras.

Madame M.

En el artículo original de Capgras y Reboul-Lachaux, los autores se referían a un delirio que llamaban «la ilusión de los dobles».

Relataban el caso de una de sus pacientes, una mujer de 53 años de edad a la que llamaban señora M. (Madame M.), que sufría una serie de ideas delirantes que la llevaban a estar convencida de que varias personas allegadas a ella habían sido reemplazadas por unos extraños que eran idénticos a las personas que conocía. La señora M. creía que estas personas no eran las originales, sino que se trataban de unos dobles, unos impostores físicamente idénticos a quienes ella conocía y que habían suplantado sus identidades y sus vidas.

En sus delirios, esta mujer refería que eran su marido y su hijo quienes habían sido reemplazados por unos dobles, pero con el paso del tiempo hizo extensible esta creencia delirante a otras personas de su entorno, de las que se mostraba absolutamente convencida de que eran impostores.

Para la señora M. todo esto formaba parte de un plan de una sociedad secreta que se dedicaba a secuestrar a personas y a reemplazarlas por dobles, con el objetivo de arrebatarles todas sus riquezas. Incluso llegaba a afirmar que estaba segura de que existían varios dobles de ella misma, ya que realmente ella pertenecía a una familia noble y acaudalada y todo formaba parte de un complot mediante el cual una sociedad secreta se había apropiado de su fortuna.

El Síndrome de Capgras o Síndrome de los Dobles

Como deja bien a las claras el caso de la señora M., la persona afectada por síndrome de Capgras padece delirios que le inducen a creer que una o varias personas de su entorno habitual, y por lo tanto cercanas a ella (familiares o amigos, normalmente), han sido sustituidas por dobles, por unos impostores físicamente idénticos que se comportan y actúan como aquellos, pero que no son los mismos, y que tienen la intención de causarle algún tipo de daño, ya que todo forma parte de una especie de oscuro plan o complot.

Es necesario aclarar que este trastorno no consiste en un falso reconocimiento, es decir, no es que se confunda a una persona con otra porque tengan cierto parecido, sino que quien lo sufre reconoce perfectamente a su familiar o allegado pero niega que sea realmente él o ella, mostrándose convencida de que se trata de un impostor, de un doble idéntico físicamente que está suplantando la identidad y la vida de la persona original.

Quien sufre este síndrome no tiene conciencia de padecer ninguna enfermedad o alteración, motivo por el cual rechaza cualquier intento de aclaración por parte de las personas a las que considera impostores, niega que ellas sean quienes dicen ser y en ningún momento admite que pueda estar cometiendo un error de percepción, un falso reconocimiento o padeciendo alguna clase de trastorno psicológico.

Debido a que las personas que identifica como impostores son personas del entorno más cercano al enfermo, que habitualmente suelen convivir con él o ella, como resultado de sus delirios la convivencia se vuelve extremadamente difícil, y quien padece el síndrome muestra una continua actitud de miedo, angustia, evitación y rechazo de quien califica como un sustituto de su ser querido, que esconde perversas y malvadas intenciones.

En los delirios propios de este síndrome puede haber diferentes variaciones, como el propio caso de la señora M. nos muestra. Así, se puede creer que son varios los dobles que suplantan a una misma persona (que se van turnando para mantener el engaño), que existen clones del propio enfermo o incluso que en lugar de seres humanos los sustituidos son objetos inanimados, como puede ser el caso de mesas, armarios o herramientas (se ha llegado a documentar el caso de una persona que creía firmemente que un edificio completo había sido reemplazado por otro exactamente igual).

Aclaraciones

Cada vez existe más acuerdo en considerar que este desorden mental más que un síndrome en sí mismo se trata de un síntoma, una complicación añadida que refleja el padecimiento de un trastorno mental de fondo, de severa gravedad y de carácter más complejo, ya que se ha comprobado que el síndrome de Capgras se suele aparecer formando parte de otros trastornos mentales graves, fundamentalmente de carácter psiquiátrico o neurológico (es decir, con una causa física más que psicológica), como pueden ser la esquizofrenia, las demencias (por ejemplo, la enfermedad de Alzheimer) o alteraciones y lesiones cerebrales producidas por enfermedades o accidentes.

Aunque la prevalencia (porcentaje de personas afectadas) de este síndrome es muy baja, las investigaciones realizadas hasta ahora arrojan cierta luz sobre el mecanismo que se oculta tras este desorden mental. Se cree que debido a las alteraciones cerebrales provocadas por trastornos mentales graves o lesiones cerebrales, se produce una desconexión entre las zonas del cerebro que permiten asociar el reconocimiento facial de alguien con las emociones que produce ese reconocimiento, es decir, que hay una desconexión entre el reconocimiento visual y lo que se llama memoria afectiva. Es esa desconexión lo que lleva a la persona a elaborar los delirios propios de este síndrome, ya que visualmente reconoce a alguien pero emocionalmente no siente que sea quien ella conoce.

Curiosidades

En el artículo por el que lo dieron a conocer, Capgras y Reboul-Lachaux llamaron a este síndrome «la ilusión de los dobles» (*l'illusion des sosies*). La palabra francesa para doble es *sosie*, cuyo origen está en el personaje Sosia, de la obra Anfitrión, escrita en el siglo III a. de C. por el romano Plauto.

En esta comedia, el dios Mercurio se hace pasar por Sosias, un esclavo del general Anfitrión, adoptando su apariencia con el objeto de ayudar a otro dios, Júpiter, a conseguir seducir a Alcmena, la esposa del general.

En la actualidad, la palabra *sosias* se usa para referirse a una persona que guarda tal parecido con otra que incluso se les puede llegar a confundir.

Tanto la literatura como el cine se han inspirado en este tema o lo han tratado de forma más o menos directa. Son muchos los libros o películas que cuentan en su trama la suplantación de personas por dobles o el padecimiento de este síndrome como consecuencia de un accidente.

Tal vez uno de los ejemplos más llamativos para los que este trastorno ha servido de inspiración lo podemos encontrar en el libro *Los ladrones de cuerpos* (The Body Snatchers) del autor Jack Finney, en el que se cuenta como el planeta Tierra es invadido por unas formas de vida alienígenas, que se valen de una especie de vainas vegetales para duplicar a los seres humanos cuando duermen. Mientras una persona permanece dormida, en el interior de una de esas vainas se va formando un ser físicamente igual al ser humano, que después lo sustituirá. De esta manera los alienígenas pretenden colonizar silenciosamente el planeta entero.

La historia narrada en este libro fue llevada al cine en varias ocasiones. Una de las versiones más celebradas es *La invasión de los ladrones de cuerpos* (Invasion of the Body Snatchers), estrenada en el año 1978, dirigida por Philip Kaufman e interpretada en sus papeles protagonistas por la actriz estadounidense Brooke Adams y el actor canadiense Donald Sutherland.

Clasificación diagnóstica

El Síndrome de Capgras no está incluido como tal en los manuales de clasificación diagnóstica. A pesar de eso, es el más conocido de los que se ha dado en llamar Síndromes de Falsa Identificación Delirante (SFID).

Estos síndromes son cuatro: el síndrome de Capgras, el síndrome de Frégoli, el síndrome de dobles subjetivos y el síndrome de intermetamorfosis. Ninguno de ellos está considerado un trastorno en sí mismo, sino como síntomas de un trastorno mental de carácter severo.

Referencias

Capgras, J. M. J. & Reboul-Lachaux, J. (1923). *L'illusion des "sosies" dans un délire systématisé chronique.* Bulletin de la Société clinique de médecine mentale, 11: 6-16.

Enoch, M.D. (1963). *The Capgras Syndrome.* Acta Psychiatrica Scandinavica, Volume 39, Issue 3, pages 437–462. Article first published online: 27 AUG 2007. doi: 10.1111/j.1600-0447.1963.tb07475.x

Montesinos Balboa, J. E., Salas Sánchez, J. J., Sánchez Fuentes, M. de L. y Hernández Huerta, M. de L. (2008). *Síndromes de falsa identificación delirante. Síndrome de Capgras. Presentación de un caso.*

Alcmeon, Revista Argentina de Clínica Neuropsiquiátrica, 15(1), 24-32.

Singer, S. F. (1989). *Delusion of inanimate doubles.* The British Journal of Psychiatry, Vol 154, 573. doi: 10.1192/bjp.154.4.573a

Turkington, C. and Harris, J. R. (2009). *The Encyclopedia of the Brain and Brain Disorders.* New York: Facts on File

FUENTES DOCUMENTALES

Bellver, E. (2010, 11 de abril). *Síndrome de Capgras*. Madrid: Depsicología.com, Tendenzias Media, S.L. Consultado en http://depsicologia.com/sindrome-de-capgras

Centre hospitalier de Sainte Anne (2014). *Centre hospitalier de Sainte-Anne. Psychiatrie et Neurosciences*. Paris: Centre hospitalier de Sainte Anne. Consultado en http://www.ch-sainte-anne.fr

Cutting, J. & Shepherd, M. (editors) (1986). *The Clinical Roots of the Schizophrenia Concept: Translations of Seminal European Contributions on Schizophrenia*. Cambridge: Cambridge University Press.

Depovy, R. & Montassut, M. (1924). *Un cas de syndrome des sosies chez une délirante par interprétations des troubles psicho-sensoriels*. Ann Méd Psychol; 82: 341-345

Finney, J. (1955). *The Body Snatchers*. New York: Dell.

Sérieux P. & Capgras J. (1909). *Misinterpretative delusional states*. Les Folies Raisonnantes: le Délire d´ Interprétation, pp. 5-43. Paris: Baillière.

Solo, R. H. (productor) & Kaufman, P. (director) (1978). *Invasion of the Body Snatchers*. [Cinta cinematográfica]. USA: Solofilm.

Torales Benítez, J., Arce Ramírez, A., María Moreno, M., Rodríguez Marín, H., Riego Meyer, V., Hernán Capurro, M. & Chávez, M.E. (2013). *Psicosis monosintomática. Síndrome de falsa identificación delirante*. Tendencias en Medicina, 8: 40-44.

EL SÍNDROME DE FRÉGOLI: VER A LA MISMA PERSONA EN TODAS PARTES

Este síndrome es lo más parecido a lo que se podría considerar el contrario del síndrome de Capgras. Si este último se caracteriza por delirios que llevan a pensar que personas allegadas han sido suplantadas por dobles físicamente idénticos, el Síndrome de Frégoli consiste en que la persona que lo padece cree reconocer a uno o varios de sus familiares y allegados en personas que le son totalmente extrañas.

El Síndrome de Frégoli fue descrito por primera vez en el año 1927, pero en este caso no fueron sus descubridores, los psiquiatras franceses Paul Courbon y Gustave Fail, los que se llevaron la fama al hacer que su nombre se utilizara para designar al síndrome, sino que generosamente le concedieron ese honor... a un actor.

Leopoldo Fregoli

Leopoldo Fregoli (1867-1936) fue un actor italiano que se hizo famoso por sus especiales actuaciones, durante las que era capaz de interpretar varios papeles en una misma obra.

Durante la misma representación, Fregoli transformaba varias veces su aspecto para representar distintos personajes. Para ello se cambiaba rápidamente de ropa y en cuestión de unos instantes se caracterizaba utilizando pelucas, disfraces, prótesis e incluso alterando su tono de voz, logrando así representar a una gran variedad de personajes de distintas edades, sexo y condición social en una sola función.

Se dice que Fregoli era tan rápido en sus transformaciones que al público asistente verdaderamente le costaba creer que todos los personajes que estaba viendo estuvieran representados por el mismo actor.

Es por esta habilidad que Fregoli es considerado como uno de los precursores del género teatral conocido como *transformismo*.

Y fue precisamente esta habilidad transformista de Fregoli la que llamó la atención de Courbon y Fail, descubridores del síndrome que trataremos en este capítulo, hasta tal punto que decidieron utilizar el apellido del actor italiano para designar al trastorno que lleva a quien lo padece a reconocer continuamente a una misma persona en muchas otras que en realidad no conoce.

El Síndrome de Frégoli

El síndrome de Frégoli se caracteriza por una serie de creencias delirantes o delirios que provocan que se crea reconocer a personas familiares cuando en realidad se está ante completos extraños.

Para explicarlo se suele utilizar el ejemplo de una persona con síndrome de Frégoli que va dando un paseo y cree encontrar en diferentes lugares a uno o varios de sus familiares o amigos, por ejemplo a su hermana cuando va andando por la calle, a su marido al entrar en una tienda o a un amigo al fijarse en alguien que está sentado en un parque y que en realidad no había visto nunca antes, al igual que en los ejemplos anteriores.

Este tipo de delirios tiene variaciones y puede darse de manera que se crea ver en los extraños siempre a la misma persona o a distintas personas.

El problema de este síndrome no está solo en ese falso reconocimiento, sino que por causa de estos delirios quien lo sufre termina por creer que está siendo perseguido o acosado por esa persona. Es por esto que al hablar del falso reconocimiento propio de este síndrome se suele decir que es un reconocimiento *apasionado*, porque conlleva delirios de persecución, preocupaciones enfermizas y alteraciones emocionales.

Además de por los delirios ya explicados, el síndrome de Frégoli se caracteriza también por fallos de memoria, alucinaciones, falta de autocontrol e incluso convulsiones.

Aclaraciones

Al igual que el síndrome de Capgras, el síndrome de Frégoli forma parte de los llamados síndromes de falsa identificación delirante (denominados SFID), y como el resto de ellos no se da de forma aislada, sino que suele estar asociado a otros trastornos mentales graves, como pueden ser la esquizofrenia, las demencias o lesiones cerebrales.

Como ya hemos visto anteriormente, este tipo de síndromes, más que trastornos en sí mismos, tienden a ser considerados como un síntoma de un trastorno mayor que existe de fondo, como puede ser la esquizofrenia o la depresión.

De la misma manera que ocurre con el síndrome de Capgras, el número de casos conocidos de este síndrome es extremadamente bajo.

Curiosidades

Si en las curiosidades sobre el síndrome de Cotard (el síndrome del muerto viviente) veíamos que existe un grupo que lleva el nombre de ese trastorno, para el caso del síndrome de Frégoli hay también un grupo musical, en esta ocasión de nacionalidad colombiana, llamado LosPetitFellas, que cuentan entre su repertorio con una canción titulada *El síndrome de Frégoli*.

Definen su estilo como una mezcla de jazz, funk, soul, rock y hip hop. La letra de la mencionada canción dice cosas que se ajustan perfectamente a los síntomas del síndrome de Fregoli, tales como:

Entre cientos, en mis conciertos, hostales y aeropuertos / dormido y despierto, en mares y desiertos, en bares abiertos / en todo tipo de lugares soy un experto para ver tu cara o tu pelo

Como apuntaba al principio del capítulo, el síndrome de Frégoli fue descrito por primera vez en el año 1927 por los psiquiatras franceses Paul Courbon y Gustave Fail. El artículo por el que lo dieron a conocer se *titulaba Syndrome d'illusion de Frégoli et schizophrénie.*

En este artículo se relata el caso de una mujer londinense que creía estar siendo perseguida por dos actores que conocía de verlos frecuentemente en las representaciones teatrales a las que era asidua. La mujer se mostraba enfermizamente convencida de que estos actores tomaban la apariencia de otras personas con la intención de seguirla.

Las investigaciones realizadas en las últimas décadas apuntan a que este síndrome está relacionado con lesiones o daños cerebrales, principalmente en áreas de la parte derecha del cerebro (hemisferio derecho), que es la parte encargada, entre otras, del reconocimiento de sonidos y caras.

En Cataluña todavía se sigue conservando la expresión *«anar més rapid que Fregoli»* (ir más rápido que Fregoli), para referirse a personas que han hecho o hacen algo de forma muy rápida.

Si bien el apellido del actor italiano al que debe su nombre el síndrome, Fregoli, se escribe sin tilde, en castellano se suele escribir con tilde para así acentuar la sílaba que permite pronunciar el apellido (o nombre del síndrome) correctamente, pero no es infrecuente encontrarlo escrito también sin tilde.

En la tumba del célebre transformista italiano, su epitafio reza: «*Aquí, Leopoldo Fregoli llevó a cabo su última transformación*».

Clasificación diagnóstica

Como el resto de los síndromes de falsa identificación delirante, el síndrome de Frégoli no está incluido en los manuales diagnósticos de clasificación de la enfermedad mental.

Hecha de nuevo esta aclaración, a continuación vamos a ver muy brevemente en qué consisten los otros dos síndromes de falsa identificación delirante de los que aún no hemos tratado.

Otros síndromes de falsa identificación delirante (SFID)

Tanto el Síndrome de Capgras como el Síndrome de Frégoli forman parte de lo que se llaman síndromes de falsa identificación delirante. Además de estos dos, ya explicados, son dos más los síndromes de este tipo que se conocen, el Síndrome de Dobles Subjetivos y el Síndrome de Intermetamorfosis.

Los cuatro comparten las características comunes de ser parte de trastornos más graves como esquizofrenia, depresión o demencias, de estar relacionados con algún tipo de alteración o daño cerebral y de caracterizarse por delirios de falsa identificación de personas.

Los dos que quedan por explicar los describiré brevemente, ya que debido a que los cuatro comparten características similares resulta muy fácil confundirlos.

Antes de explicar los dos restantes haremos un pequeño resumen de los dos que ya conocemos, con el objeto de facilitar su comprensión y evitar confusiones.

El primer síndrome de falsa identificación delirante que hemos visto es el Síndrome de Capgras, consistente en delirios por los cuales se llega a creer que una persona allegada ha sido sustituida por un doble, un impostor que es idéntico y actúa como la persona a la que se conoce, pero que no es la persona original, y que se cree que pretende causar algún tipo de mal o daño.

El segundo SFID que hemos tratado ha sido el Síndrome de Frégoli, trastorno delirante por el que se cree reconocer a allegados o conocidos en personas completamente desconocidas, que tratan de simular ser extraños con el fin de seguir al enfermo, también con alguna clase de mala intención.

El tercero de los SFID es el llamado Síndrome de Dobles Subjetivos, que se caracteriza por delirios en los que la persona que los padece está convencida de que hay uno o varios dobles de sí misma (dobles del Yo), que son físicamente idénticos a él o ella, pero con personalidades distintas y con oscuras intenciones. Por ejemplo, se puede creer que uno de los dobles se dedica a hacer cosas malas de las que el original acabará siendo acusado, o incluso que uno de ellos se hace pasar por el original para mantener relaciones sexuales con su pareja.

Este síndrome fue descrito por primera vez por el psiquiatra griego George N. Christodoulou, en un artículo titulado *Syndrome of subjective doubles* publicado en la revista American Journal of Psychiatry.

El cuarto y último de los síndromes de falsa identificación delirante es el Síndrome de Intermetamorfosis. A pesar de que en un principio su nombre pueda parecer muy complejo y difícil de entender, estoy seguro que en cuanto lo veamos el lector le encontrará todo su significado.

El síndrome de Intermetamorfosis consiste en tener la creencia delirante de que las personas que nos rodean intercambian sus identidades unas con otras, a pesar de que sigan manteniendo el mismo aspecto físico. Es decir, quien lo padece puede creer, por ejemplo, que un hermano ha sufrido una metamorfosis, una transformación, y que es en realidad un compañero de trabajo, aunque siga manteniendo la apariencia física de su hermano. Para quien sufre este síndrome, dos personas pueden ser capaces de intercambiar sus identidades y adoptar la apariencia física una de la otra.

Este trastorno fue descrito por los psiquiatras franceses Paul Courdon (descubridor también del síndrome de Frégoli) y J. Tusquets, que lo dieron a conocer en 1932 mediante el artículo *Illusion d'intermétamorphose at de charme*.

En dicho artículo relataban el caso de una mujer, Sylvanie G., que creía firmemente que su marido se había metamorfoseado en su vecino, adoptando su apariencia física. Para ella, su marido era en realidad su vecino, y su vecino era su verdadero marido.

Para terminar con la explicación de los trastornos de falsa identificación delirante resta decir que siempre debemos tener en cuenta que no se trata solo de la confusión de personas, sino que los delirios de estos síndromes llevan a quienes los padecen a estar convencido de que eso ocurre por un motivo, sea seguirle, suplantar una identidad, traerle problemas o hacer algo que le cause daño.

Es importante tener en cuenta esta característica para lograr empatizar con el sufrimiento y la confusión que cualquiera de estos trastornos puede suponer, sin olvidar que además, de fondo, siempre habrá un trastorno mental de extrema gravedad, como la esquizofrenia, la depresión o algún tipo de demencia.

Referencias

Christodoulou G. N. (1978). *Syndrome of subjective doubles.* American Journal of Psychiatry, 135(2), 249-51

Courbon P. y Tusquets J. (1932). *Illusion d'intermétamorphose at de charme.* Annals Médico Psychologique 90, 401-405.

Courbon, P. y Fail G. (1927). *Syndrome d'illusion de Frégoli et schizophrénie.* Bulletin de la Société Clinique de Médecine Mental, 11, pp.121-125.

Mesa Rodríguez, T. (2008). *Síndrome de Frégoli: a propósito de un caso.* Alcmeon, Revista Argentina de Clínica Neuropsiquiátrica, Vol. 14, N° 4, 24-36.

FUENTES DOCUMENTALES

Ajuntament del Puig de Santa Maria (2015). *La litografía "Frègoli, 1969" de Antoni Tàpies, pieza destacada del Museu de la Imprenta.* El Puig de Santa Maria: Ajuntament del Puig de Santa Maria. Consultado en http://www.elpuig.es/es/content/la-litografia-fregoli-1969 -de-antoni-tapies-pieza-destacada-del-museu-de-la-imprenta

Diccionarios Digitales. (2016). *Epitafios.* Madrid: Diccionarios Digitales. Recuperado de http://www.diccionarios digitales. net

Ellis, H.D., Whitley, J., Luauté, J.P. (1994). *Delusional misidentification. The three original papers on the Capgras, Frégoli and intermetamorphosis delusions.* Hist Psychiatry, 5(17 Pt 1), 117-46.

Kynes, Dr. (2010, 23 de mayo). *Leopoldo Fregoli, el hombre de las mil formas.* [Blog post]. Recuperado de http://rayosc.blogspot.com.es/2010/05/leopoldo-fregoli-el-hombre-de-las-mil.html

LosPetitFellas (2016). *LosPetitFellas.* Bogotá: Steven Sierra G. Consultado en http://www.lospetitfellas.com

Musica.com (2016). *Letra 'El Síndrome de Fregoli'.* Consultado en http://www.musica.com/letras.asp?letra= 2194389

EL SÍNDROME DEL EMPERADOR: LOS NIÑOS TIRANOS

El Síndrome del Emperador, en algunos casos también conocido como Síndrome de los Hijos Tiranos o Síndrome del Niño Rey, es un trastorno psicológico que se da en niños, y que consiste en que un hijo manifiesta un comportamiento continuado de maltrato psicológico e incluso físico hacia sus padres, que se traduce en constantes y repetidas actitudes de violencia y hostilidad hacia sus progenitores.

Es frecuente que quien recibe información por primera vez sobre este síndrome piense que se trata solamente de casos de niños malcriados, que actúan así porque han sido educados en el consentimiento y la satisfacción inmediata de todas y cada una de sus necesidades y caprichos. Sin embargo nada hay más lejos de la realidad, ya que este síndrome se debe a que los niños afectados tienen rasgos propios de una personalidad psicópata, y tan es así que en su manifestación más extrema se han dado casos, algunos de ellos de amplia repercusión mediática, de niños que han llegado a asesinar a sus padres como venganza por no ceder a sus chantajes para satisfacer todos sus deseos y exigencias.

Orígenes

Ya que este trastorno se caracteriza por un comportamiento tiránico y dictatorial por parte de niños, es fácil deducir que el nombre de síndrome del emperador está relacionado con el comportamiento de los muchos emperadores que a lo largo de la historia han oprimido y tiranizado a sus pueblos, ejerciendo el poder de forma despótica y tirana.

Enseguida vienen a la mente nombres como los de los emperadores romanos Calígula y Nerón. El primero de ellos, Calígula, pasó a la historia por su crueldad, excesos y tiranía y fue el primero que reclamó para sí el título de *dios romano*. El segundo, Nerón, será siempre recordado por el gran incendio que asoló Roma durante su mandato, que duró varios días y destruyó una parte importante de la cuidad. La historia que ha llegado a nuestros días (aunque no todos los historiadores están de acuerdo) es que fue el propio Nerón quien ordenó que se prendiera fuego a la ciudad, con el propósito de reconstruirla a su antojo. Mientras Roma ardía, dice la historia, Nerón contemplaba las llamas desde la ventana tocando melancólicamente el arpa. Después se encargó de que corriera el rumor de que habían sido los cristianos los causantes del devastador incendio.

Además de estos ha habido, y sigue habiendo hoy en día, multitud de emperadores, dictadores y tiranos, pero aunque el nombre de este trastorno está inspirado en esas figuras, también encontramos un síndrome similar y de nombre muy parecido en China, utilizado para designar un comportamiento que se dio en niños chinos durante la década de los años 80 del siglo XX, y que se conoció como el Síndrome del Pequeño Emperador.

El Síndrome del Pequeño Emperador en China

China es uno de los países con la civilización más antigua del mundo. Durante siglos ha sido un país gobernado por emperadores y monarcas, que mediante dinastías se pasaban el poder generación tras generación. Esa forma de gobierno se terminó en los primeros años del siglo XX y terminó por consolidarse su desaparición en el año 1949, con la creación de la República Popular China.

Unas décadas más tarde, cuando comenzaba la gran transformación de la economía china, al pasar de una economía agrícola y ganadera a una economía industrial, multitud de familias se trasladaron del campo a las ciudades, ya que su antigua forma de vida empezaba a quedarse desfasada.

En las nuevas ciudades y a la sombra de la emergente nueva economía, los padres, antiguos habitantes de pueblo, agricultores, campesinos y artesanos, quisieron criar a sus hijos dándoles todo lo que a ellos les había faltado en una infancia muy dura, marcada por la pobreza y la dureza que se vivió en muchos lugares del país durante los primeros años del comunismo.

Fue por eso que muchos de ellos trataron de darles a sus hijos todas las comodidades que su nuevo poder adquisitivo podía proporcionar, satisfaciendo todas y cada una de las necesidades y deseos de los pequeños. Estos hijos eran hijos únicos, ya que durante esa época se había impuesto por parte del gobierno la llamada Política de Hijo Único, que tenía como objetivo controlar la natalidad en un país con más de mil millones de habitantes.

Como consecuencia de ser hijos únicos, estos niños se convirtieron en el centro de atención de sus familias, sin tener que compartir ni el amor de sus padres ni sus pertenencias con ningún hermano. En un país que todavía tenía reciente el recuerdo de las dinastías imperiales que durante tantos siglos habían gobernado a la nación, rápidamente se les empezó a conocer como los *pequeños emperadores*.

En algunos casos comenzaron incluso a aparecer noticias de niños que se suicidaban porque no era atendida alguna mínima necesidad o capricho, o de algunos que llegaron a agredir o hasta asesinar a sus progenitores. Fue así cómo se acuñó el término de Síndrome del Pequeño Emperador, para designar a estos niños que, al igual que sus antepasados imperiales, ejercían, de una forma más o menos evidente, el poder absoluto sobre sus familias.

El Síndrome del Emperador

Ya de vuelta en las sociedades occidentales, el término Síndrome del Emperador fue acuñado por el profesor de la Universidad de Valencia Vicente Garrido Genovés, en su libro *Los hijos tiranos. El síndrome del emperador.*

Doctor en Psicología y graduado en Criminología, el profesor Garrido es considerado un experto en la investigación y tratamiento de la personalidad violenta y en desarrollar programas de prevención de conductas antisociales y violentas en niños y jóvenes. El síndrome del emperador hace referencia a un trastorno psicológico debido al cual los niños afectados ejercen continuas agresiones psicológicas e incluso físicas sobre sus progenitores.

Es muy importante tener en cuenta que este síndrome tiene su origen en que los niños que los sufren tienen una personalidad con rasgos psicópatas, cuando no son completamente psicópatas. En sus casos más graves, se han dado casos de niños que han asesinado a sus padres con cuchillos o espadas. Alguno de esos casos, como decía al principio del capítulo, ha tenido una gran repercusión en los medios de comunicación.

Los niños con síndrome del emperador tratan siempre imponer su voluntad, se dirigen a sus padres despectivamente y con menosprecio, les insultan, siguen la desobediencia como norma, faltan al colegio sin razón justificada, sufren de irritabilidad constante, se comportan con una hostilidad continua, mienten de forma casi compulsiva, no toleran que se les lleve la contraria ni en los asuntos más triviales, son profundamente egoístas, someten a sus padres a continuos chantajes emocionales para conseguir que se satisfagan todos sus deseos, les amenazan directa o indirectamente y, en los casos más extremos, pueden causar daños en la propia casa o hasta agredir a sus padres, a veces con las más fatales consecuencias.

La personalidad psicópata

El síndrome del emperador es consecuencia de un trastorno de la personalidad, que en su variante más agresiva (no siempre) es el reflejo de una personalidad psicópata.

La personalidad de estos niños se caracteriza por una falta de sensibilidad hacia las emociones y necesidades de los demás, por la incapacidad para ponerse en el lugar de los otros, por un egocentrismo desmesurado, por no ser capaces de crear y mantener lazos emocionales con quienes les rodean y por una absoluta falta de sentimiento de culpa, remordimientos y responsabilidad por las acciones realizadas.

Como una gran parte de los trastornos mentales (y más cuando se dan en niños) es muy difícil reconocerlo para aquellos que no son profesionales de la salud mental, y es por esto que los padres con hijos afectados por este trastorno muchas veces se encuentran con la incomprensión de toda la sociedad, que los culpabiliza a ellos, tachándolos de malos padres y de haber malcriado a sus hijos. Sin duda, toparse con este tipo de actitudes en los demás no hace más que añadir dolor al enorme sufrimiento que padecen estos padres, e incluso puede provocar que a su sufrimiento se le una el sentimiento de culpa, en caso de que den por ciertos comentarios y opiniones de ese tipo.

Es por esto que es muy importante tener presente que el síndrome del emperador tiene una base genética, lo que quiere decir que hay niños que, por nacimiento, tienen una predisposición a padecerlo, debido a las características de su personalidad.

Sin embargo, es necesario decir que esa base genética no siempre explica por sí sola el síndrome. Lo heredado proporciona una predisposición, pero no siempre resulta determinante. Son varios los investigadores que señalan que es la sociedad quien se encarga de explotar, reprimir o encauzar esa predisposición.

En esta línea, algunos investigadores apuntan a que nuestras sociedades occidentales, en las que predomina el consumismo, la satisfacción inmediata de cada necesidad, el individualismo o la ausencia de unos valores claros, y en las que no se fomenta la responsabilidad por los propios actos, funcionan como auténticas detonadores de los rasgos psicópatas en aquellos que tienen una predisposición genética hacia ese tipo de personalidad.

Tal vez sea por eso que en las últimas décadas, en países occidentales como España o el Reino Unido se está detectando una cada vez mayor presencia de este síndrome en los niños.

Aclaraciones

No todos los niños desobedientes, conflictivos o difíciles sufren síndrome del emperador. Una vez que se tiene alguna información sobre él es fácil caer en el error y, si no se tiene la preparación adecuada, no se presta la suficiente atención o se hacen juicios rápidos, llegar a confundir el egoísmo o la actitud caprichosa relativamente normal de un niño o algunas situaciones conflictivas que se puedan dar con niños, con los rasgos de personalidad propios de uno de los pequeños emperadores. Así que si bien es necesario estar atento, más lo es buscar la opinión de quien conozca bien este síndrome antes de preocuparse en exceso y aventurarse a etiquetar como trastorno un comportamiento que no es más que normal, incluso aunque resulte problemático.

No olvidemos que los trastornos mentales son, a excepción de por la conducta de quienes los padecen, invisibles a primera vista, y resulta fácil confundir comportamiento, equivocarse al interpretarlos o pasarlos por alto.

Curiosidades

Se calcula que el porcentaje de población con personalidad psicópata se encuentra aproximadamente entre el 1% y el 3%.

El trastorno se llama síndrome del emperador, pero también hay emperatrices, es decir, niñas afectadas. Sin embargo, este desorden psicológico se da con mayor frecuencia entre varones, debido a que las características de personalidad psicóticas son más frecuentes entre los hombres que entre las mujeres.

En su libro *Los hijos tiranos: el síndrome del emperador*, el profesor Vicente Garrido Genovés relata varios casos de niños afectados por este trastorno. En uno de ellos, los padres, al entrar en la habitación del niño, comprobaron completamente aterrorizados la pintada que su hijo había hecho con spray en la pared: «OS ODIO. ALGÚN DÍA ME LAS PAGARÉIS. Y SERÁ PRONTO».

Puede que alguien confunda este síndrome con otro llamado Síndrome de Napoleón o complejo napoleónico. Al fin y al cabo, Napoleón Bonaparte fue un famoso emperador francés y es sobradamente conocida su baja estatura y su carácter dictatorial, de ahí la posible confusión.

Sin embargo, el llamado síndrome de Napoleón se utiliza para referirse a personas adultas de baja estatura que tratan de compensar con comportamientos agresivos y hostiles el complejo de inferioridad que sienten, no se trata de que tengan unas características de personalidad específicas.

El síndrome de Napoleón no tiene la consideración de trastorno mental, y es solo un estado psicológico, una forma de reaccionar y enfrentarse a la vida, que más allá de los problemas, preocupaciones o sufrimiento que pueda causar, desde el punto de vista clínico no está clasificado como una enfermedad.

Clasificación diagnóstica

El síndrome del emperador no se encuentra recogido como tal en los manuales diagnósticos DSM y CIE, por lo que ningún niño puede ser diagnosticado clínicamente con este trastorno.

El desorden más parecido a este síndrome que se puede encontrar en el DSM-5 es el llamado Trastorno Negativista Desafiante, que se caracteriza por una conducta continuada de irritabilidad, enfados, discusiones y actitud desafiante o vengativa hacia los demás. Este trastorno se da normalmente hacia los miembros de la familia, aunque también se puede dar en el entorno laboral, en grupos de amigos o en la escuela (en el caso de niños y adolescentes), y puede manifestarse tanto en niños como en adultos. Su equivalente en la CIE sería el Trastorno Disocial Desafiante y Oposicionista, de similares características.

Otro trastorno incluido en DSM que guarda relación con el síndrome del emperador es el Trastorno de la Personalidad Antisocial, que se caracteriza por un comportamiento continuado de vulneración de los derechos de los demás, y se expresa por medio de actos de desobediencia, irritabilidad, agresividad, irresponsabilidad y ausencia de remordimientos.

Sin duda el síndrome del emperador puede constituir el precedente en un niño que después será diagnosticado con trastorno de la personalidad antisocial. En la CIE, su equivalente se denomina Trastorno Disocial de la Personalidad.

En un capítulo posterior entraremos más a fondo en este tipo de trastorno, perteneciente a los apasionantes trastornos de la personalidad.

Referencias

Garrido Genovés, Vicente (2007). *Los hijos tiranos: el síndrome del emperador*. Barcelona: Ariel.

FUENTES DOCUMENTALES

Bennett, C. (2011). *China's little emperors*. Londres: The Guardian, Guardian News and Media Limited. Recuperado de http://www.theguardian.com/guardianweekly/story/0,12674,1383770,00.html

Biografías y Vidas (2004- 2016). *Biografías y Vidas. La enciclopedia bibliográfica en línea*. Consultado en http://www.biografiasyvidas.com

Cameron L., Erkal N., Gangadharan L., Meng X. (2013). *Little Emperors: Behavioral Impacts of China's One-Child Policy*. Science. Vol. 339, Issue 6122, pp. 953-957. doi: 10.1126/science.1230221

Casa del Libro (2016). *Vicente Garrido Genovés*. Madrid: CasadelLibro.com, Espasa Calpe. Consultado el 12 de febrero de 2016 en http://www.casadellibro.com/libros-ebooks/vicente-garrido-genoves/6197

Planeta de Libros (2016). *Autores. Vicente Garrido Genovés*. Barcelona: Planeta. Consultado el 12 de febrero de 2016 en http://www.planetadelibros.com/autor/vicente-garrido-genoves /000022475

PsicologíaAutoayuda. Salud&Bienestar (2016). *Síndrome de Napoleón. Psicología y Autoayuda*. Recuperado de http://psicologiayautoayuda.com/psicologia/sindrome-de-napoleon

Sedghi S. y Hall, E. (2015, 26 de mayo). *China's one-child policy breeds 'little emperors with skewed values' writer Xinran Xue says*. Australia: ABC News. Consultado en http://www.abc.net.au/news/2015-05-25/china's-one-child- policy-creates-ruthless-children-writer-says/6495666

Spurling, H. (2015). *Lonely little emperors: secrets of China's only children*. Londres: The Spectator. Recuperado de http://www.spectator.co.uk/2015/06/the-long-shadow-over-chinas-only-children

Xinran, X. (2015, 23 de mayo). *China's little emperors – the children without siblings*. Londres: The Guardian. Recuperado de http://www.theguardian.com/lifeandstyle/2015/may/23/ chinas-little-emperors-the-children-without-siblings

FOBIAS: LOS MIEDOS QUE ENFERMAN

Las fobias son trastornos psicológicos que consisten en una reacción emocional de miedo intenso y desproporcionado frente a algo que es percibido como una amenaza, cuando para la mayoría de las personas no lo es, como puede ser el caso de las fobias a ciertos animales o insectos, a los lugares cerrados o a las tormentas.

Según datos del National Institute of Mental Health de EE.UU. (NMIH), el 12,5 % de la población estadounidense padece una fobia que le acompañará durante toda su vida.

Existen fobias ante casi cualquier cosa, y muchas de ellas, por lo conocidas, no resultan sorprendentes. Por ejemplo, son ampliamente conocidas la agorafobia (miedo a los espacios abiertos), la aracnofobia (miedo a las arañas) o la aerofobia (miedo a viajar en avión).

En este capítulo nos ocuparemos de aquellas fobias mayoritariamente desconocidas y que por causa del estímulo que las provoca resultan realmente sorprendentes.

Debido a su número, he preferido englobarlas todas en este capítulo en lugar de tratarlas por separado, ya que al fin y al cabo se tratan del mismo trastorno psicológico y comparten unas características comunes.

Pero antes de ir con ellas, primero debemos conocer algo sobre el miedo, la emoción que se oculta detrás de toda fobia.

Las emociones[1]

Cuando los seres humanos venimos al mundo traemos en nuestra carga genética seis emociones básicas: alegría, tristeza, miedo, ira, sorpresa y aversión (sensación de repulsión o asco). Estas emociones son comunes a todos los seres humanos, independientemente de su raza, edad, sexo o tiempo que les haya tocado vivir.

El miedo que usted siente si alguien le da un susto cuando va andando por la calle es la misma emoción básica que permitió a un antepasado evolutivo suyo reaccionar con rapidez ante un peligro y escapar de un depredador, o la aversión que siente ante una imagen desagradable en una película es la misma emoción que hace miles de años le habría permitido no querer probar un alimento en mal estado.

La reacción que provoca una emoción no es razonada, es automática. No tenemos control sobre ella porque está implantada en nuestros genes. A medida que hemos ido evolucionando y haciéndonos más complejos, hemos desarrollado la capacidad de pensamiento, por lo que nuestras emociones se han hecho más complejas, y las seis emociones básicas han dado lugar a otras emociones derivadas de ellas, que constituyen lo que conocemos como sentimientos: culpa, vergüenza, felicidad, compasión, amor, celos, envidia, agradecimiento, inseguridad, frustración, enojo, indignación, abatimiento, desesperación, arrepentimiento, irritación, angustia, nerviosismo, entusiasmo, … No solo su número es muy amplio, sino que se experimentan en diferentes grados de

---

[1] **Nota.-** El apartado Emociones es un extracto literal del capítulo del mismo título incluido en mi libro *Aprenda a controlar sus emociones mediante técnicas psicológicas.*

intensidad, por lo que el mundo emocional del ser humano puede llegar a ser muy complejo.

Originariamente las emociones no eran ni positivas ni negativas. Todas eran útiles porque permitían la adaptación al medio ambiente, por lo que no había emociones buenas o malas. La ira era útil porque permitía defenderse, el miedo porque permitía escapar, la sorpresa nos ponía en alerta para buscar peligros, la tristeza hacía que disminuyera en otros el impulso de agresión o nos permitía recuperarnos de pérdidas y situaciones de tensión, y la aversión nos avisaba de un peligro a la hora de comer un alimento en mal estado.

El miedo

El miedo es entonces una emoción básica del ser humano, esto es, una respuesta automática, de duración muy breve, que activa en nosotros una reacción no razonada de lucha o huida. Por lo tanto, es normal sentir miedo ante algo que percibimos como una amenaza, ya que estamos diseñados para ello, porque esa emoción nos permite poner en marcha sin pensar y sin perder tiempo en tomar una decisión consciente, conductas que nos permitan escapar de un peligro o enfrentar una amenaza.

El miedo es una reacción automática, que no podemos evitar sentir, por lo que es adaptativo sentir miedo ante determinadas situaciones. Lo contrario sería una alteración psicológica.

Pero cuando por algún motivo (tal vez debido a una mala o traumática experiencia pasada) la normal emoción momentánea de miedo se acaba asociando a un tipo de situaciones que en el presente y para la mayoría de las personas no constituye ningún tipo de amenaza, esta emoción aumenta su intensidad y duración hasta límites desproporcionados. Se hace crónica y se convierte en una emoción de efecto duradero que domina nuestro comportamiento durante más tiempo del normal, incapacitándonos e impidiéndonos enfrentar una situación que realmente deseamos enfrentar. En ese momento, el miedo se convierte en una fobia.

Las fobias

Las fobias son miedos intensos y desproporcionados que se desencadenan ante determinados estímulos. El estímulo que provoca una fobia puede ser casi cualquier cosa: situaciones, personas, objetos o animales.

Las fobias son miedos enfermizos, que van más allá de lo que podría considerarse normal en una determinada situación, que se disparan ante estímulos ante los que la mayoría de las personas no siente miedo alguno o siente solo un miedo momentáneo.

Cuando la persona afectada por una fobia está ante el estímulo que la provoca, experimentará diferentes sensaciones físicas, como un elevado grado de ansiedad, sudoración, taquicardias, palpitaciones (en las sienes y en el pecho), nerviosismo, sensación de tener un nudo en el estómago, temblores en las manos o las piernas, falta de aire o incluso dolores musculares.

En cuanto al origen de una fobia, simplificando podemos decir que las fobias suelen originarse porque en algún momento del pasado se produjo una situación que disparó la emoción normal de miedo en la persona, pero después, sea porque la persona al recordar esa situación comenzó a desarrollar un sentimiento de miedo más duradero, sea porque no supo cómo asimilarlo (por ejemplo, un viaje en avión en el que alguien se asusta por unas turbulencias puede provocar que esa persona, pensando sobre esa situación, vuelva a disparar con sus pensamientos una y otra vez la emoción de miedo, hasta terminar por sentir fobia a subirse a un avión) o sea porque se volvió a repetir esa situación en otras ocasiones, despertando siempre la misma emoción (por ejemplo, una persona que se ha sentido varias veces amenazada por perros, incluso sin llegar a ser atacada, o alguien que ha sufrido varios sustos con arañas). Este tipo de experiencias provoca que se acabe asimilando mal el miedo y que vuelva a aparecer cada vez que estamos ante un estímulo que nos recuerda, de forma más o menos consciente, el miedo que la situación original nos provocó.

Así pues, cómo una persona asimile una situación en la que ha sentido miedo es lo que puede acabar originando que desarrolle una fobia.

Una fobia se caracteriza por un elevado nivel de ansiedad ante el estímulo que la provoca, ansiedad que impide actuar con normalidad y enfrentarse a él. Las fobias impiden a quienes las padecen, al menos cuando se encuentran ante los estímulos que las provocan, actuar como ellos quisieran. En los momentos en que se produce la fobia su comportamiento no está dictado por la voluntad sino por la emoción de miedo intenso que domina a la persona, y que puede provocar incluso que intente evitar la situación a cualquier precio o hasta que literalmente se paralice ante ella.

Al menos en teoría hay un número casi ilimitado de fobias. Prácticamente se puede desarrollar una fobia ante cualquier tipo de estímulo.

Un ejemplo de esto es el especialmente triste caso del conocido como Experimento del Pequeño Albert, realizado en 1920 por el famoso psicólogo norteamericano John B. Watson, y en el que el investigador provocó a propósito que un niño de menos de un año de edad desarrollara un intenso miedo ante un ratón blanco, ante el cual antes del experimento no sentía ningún miedo. Desgraciadamente, la madre del pequeño, asustada, decidió retirar a su hijo del experimento antes de que el psicólogo tuviera la oportunidad de eliminar, mediante un proceso similar, ese miedo del niño. En la actualidad se desconoce si cuando el pequeño Albert se hizo adulto esa fobia desapareció o tuvo que convivir con ella siempre.

Si se dan las circunstancias adecuadas se puede desarrollar una fobia ante casi cualquier cosa. Más allá de las ampliamente conocidas o las que aunque no lo sean tanto no resulten sorprendentes (por ejemplo, la acrofobia o miedo a las alturas), hay otras fobias, desconocidas para la gran mayoría del público, que resultan en verdad sorprendentes por el tipo de estímulo que las desencadena. De algunas de ellas son de las que nos ocuparemos a continuación.

Las fobias más sorprendentes

Si desde el punto de vista físico el ser humano se encuentra bastante indefenso frente al mundo, en el sentido de que una enfermedad, incluso de muy poca gravedad como pueden ser una gripe o un catarro, le puede incapacitar para seguir con el curso normal de su vida, desde el punto de vista psicológico pocos trastornos como las fobias nos dan una idea tan clara de que las personas podemos, psicológicamente, resultar afectadas por casi cualquier cosa o situación.

El número de fobias es prácticamente ilimitado. Aunque no se hayan conocido casos anteriores, si se dan las circunstancias adecuadas, una persona puede desarrollar fobia ante cualquier tipo de estímulo, por muy sorprendente que a los demás les resulte.

Dicho esto, veamos entonces algunas de las fobias más sorprendentes que puede desarrollar el ser humano. Para todo aquel que desee conocer más, al final del capítulo encontrará un *Diccionario de fobias* que cuenta con más de 500 fobias específicas.

Miedo al ácido: la acerofobia

La acerofobia, también llamada acerbofobia, es el miedo a los ácidos, más concretamente a probar o degustar alimentos con un sabor ácido, amargo o agrio, como puede ser un limón o una naranja.

Las personas afectadas por este tipo de miedo sienten un miedo irracional y desproporcionado a probar algún alimento o comida que pueda resultarles amargo, lo que se traduce en una constante preocupación por los alimentos que van a probar. Este tipo de fobia puede causar molestos problemas en la vida diaria, llegando incluso a incapacitar a quienes la padecen para acudir a situaciones sociales relacionadas con la comida, como el caso de banquetes, cenas y celebraciones de distinto tipo.

Miedo a conducir: la amaxofobia

La amaxofobia es el miedo irracional a conducir algún tipo de vehículo. Según diversos estudios, es un miedo que en España afecta en algún momento de sus vidas a alrededor de 1 de cada 3 conductores.

A menudo este tipo de fobia se debe a algún accidente sufrido en el pasado, a partir del cual la persona desarrolla un miedo irracional a ponerse al volante de un coche o cualquier otro tipo de vehículo. También puede deberse a la impresión que produce en algunas personas verse en medio de una vía atestada de tráfico, con la responsabilidad de llevar un vehículo que saben deben poder controlar si no quieren verse involucradas en un accidente.

Miedo a ser tocado: la afenfosfobia

La afenfosfobia es el miedo continuado y fuera de lo normal a ser tocado. Como tantas otras fobias, tiene otros nombres como hafefobia o hefefobia.

Las personas afectadas por esta clase de miedo enfermizo sienten miedo o pánico a que se invada su espacio personal o a ser tocadas, por miedo a ser «contaminadas» por el tacto de otras personas.

Miedo a las palabras

Existen fobias realmente extrañas, que consisten en miedos desproporcionados a algunas palabras, debido a su complejidad o a la inseguridad que despiertan, por temor a equivocarse o a no saber su significado.

En primer lugar tenemos la *aibofobia*, que es el miedo a los palíndromos (palabras se leen igual de izquierda a derecha que de derecha a izquierda). Si bien el español es una lengua en la que no abundan este tipo de palabras, sí son más frecuentes en idiomas como el holandés o el finlandés. Resulta llamativo que la propia palabra que define este miedo sea precisamente una palabra palíndroma, ya que aibofobia se lee igual al derecho que al revés.

En segundo lugar está la *helenologofobia*, que es el miedo a los términos griegos o a la terminología científica compleja (buena parte de los términos científicos, como es el caso de los nombres de las fobias, provienen del griego).

En tercer lugar nos encontramos con la *hipopotomonstrosesquipedaliofobia*, que se define como el miedo persistente, anormal e injustificado a las palabras largas. Su nombre viene del griego *hipopoto* (grande) y monstro (monstruoso), y del latín *sesquipedalia* (palabra grande), con lo que literalmente significa «miedo a las palabras monstruosamente grandes». Esta fobia también se conoce por el nombre de sesquipedaliofobia.

En cuarto lugar se encuentra la *onomatofobia*, que es una fobia que en cierto modo abarca a las tres anteriores, y que consiste en el miedo desproporcionado a escuchar una determinada palabra. Qué palabra sea variará de unas personas a otras, dependiendo de las asociaciones que esa palabra en concreto despierte en ellas. Podrían ser, por ejemplo, palabras asociadas con la muerte, con el sexo o con la sensación que despierte algún insecto.

Por último, de entre esta clase de fobias tan sorprendes, tenemos la *grafofobia*, que consiste en el miedo patológico a escribir, quién sabe si alimentado por las otras fobias de este tipo que acabamos de ver.

Miedo a los números

Si se puede desarrollar una fobia a las palabras, por supuesto también puede desarrollarse una fobia hacia los números.

Entre este tipo de fobias una de las más sorprendentes es la *hexakosioihexekontahexafobia*, que es el miedo desproporcionado al número 666. En la tradición cristiana este número es conocido como el número de la bestia, ya que se asocia con el Anticristo y Satanás. Esta fobia tiene otro nombre, más corto y fácil de recordar y leer: trihexafobia.

Otras fobias hacia los números muy llamativas son la *tetrafobia* (miedo al número 4), la *octofobia* (miedo al número 8) y la *triskaidekafobia* (miedo irracional al número 13), también conocida como triakaidekafobia o triscadecafobia.

Una fobia que abarca el miedo a todos los números es la *aritmofobia*, definida como el miedo persistente y fuera de lo normal hacia los números y las matemáticas.

Para terminar con las fobias más sorprendentes hacia los números veremos una en la que su significado está no solo en el número, sino también en el día de la semana que le acompaña: se trata de la *parascevedecatriafobia* (también llamada friggatriscaidecafobia o triscaidecafobia), que consiste en un miedo patológico a los viernes y 13. El viernes 13 es considerado un día de mala suerte en varios países del mundo, como Inglaterra, Estados Unidos, Francia, Portugal, Alemania y Holanda. Tiene su equivalente en España, en donde el día de mala suerte por antonomasia es el martes 13, fobia que se conoce como *trezidavomartiofobia*.

Miedo a los payasos: la coulrofobia

La coulrofobia es el miedo a los payasos y a los mimos. Las personas que sufren de este miedo dan muestras de elevados niveles de ansiedad, miedo y sensación de angustia ante la presencia de un payaso o un mimo, que se traducen en síntomas físicos como taquicardia, respiración agitada, nerviosismo, temblores y conductas de huida o evitación de la situación.

Aunque para la gran mayoría de las personas los payasos o los mimos son personajes que despiertan la simpatía y la sonrisa, para las personas afectadas por este tipo específico de fobia, un payaso o un mimo es causa de un profundo temor y miedo, que son el reflejo de temores aparecidos en una experiencia pasada en la que estaba involucrado algún payaso (tal vez durante la infancia, la primera impresión al ver a una persona vestida y maquillada de payaso causó una profunda emoción negativa) o que hace aflorar miedos subconscientes albergados en algún rincón de la mente.

No son pocos los directores de cine o escritores que han explotado este miedo, y que han sabido ver (quién sabe si por experiencia propia) que la máscara de los payasos puede despertar en las personas ciertos temores subconscientes. Así, el afamado escritor de novelas de terror Stephen King, utilizó en su novela *It* la figura de un payaso para dar forma a un monstruo que atemorizaba a un pueblo entero, y que era el responsable de la desaparición de varios niños... La malvada criatura tomaba la forma de un payaso, llamado Pennywise, para atraer a los jóvenes hasta su guarida.

Y no son pocos los videos que se pueden encontrar en Internet, grabados por cámaras de seguridad, en donde alguien vestido de payaso actúa de manera desconcertante y atemorizadora, como quedarse parado en medio de la calle, en el porche de una casa o mirando fijamente a la cámara que lo está grabando, durante lo que parecen unos segundos interminables, para después irse sin más.

El término coulrofobia proviene de la palabra griega *kolon* (miembro). Los *kolobathristes* eran payasos o bufones que caminaban sobre zancos, es decir, sobre miembros de madera.

Miedo al desorden: la ataxofobia

La ataxofobia es el miedo desproporcionado al desorden y a la desorganización.

Las personas que sufren de esta fobia son extremadamente detallistas a la hora de ordenar sus cosas, y sienten miedo no solo por pensar que tal vez no hayan ordenado adecuadamente algo, sino también cuando alguna persona se acerca a sus cosas, las toca o las manipula, ya que tienen un profundo temor a que se las desordenen. El miedo propio de esta fobia puede darse tanto a ser desordenadas como a que alguien provoque desorden en algo que ellas previamente hayan organizado y ordenado.

También podrán sentir los síntomas fóbicos cuando se encuentren en lugares o situaciones en las que haya desorden o ellas lo perciban, como puede suceder al entrar en una casa ajena.

Su nombre proviene de la palabra griega *ataxo*, que significa «sin orden», «desordenado».

El miedo a la soltería: la anuptafobia

La anuptafobia es el miedo exagerado y desproporcionado a no encontrar pareja y quedarse soltero o soltera.

Las personas afectadas por anuptafobia pueden manifestar este miedo tanto durante una relación de pareja como cuando no tienen compañero o compañera sentimental. Durante una relación serán extremadamente conservadoras y tratarán de salvar la pareja a cualquier precio: ante situaciones de crisis reaccionarán con los síntomas fóbicos habituales (ansiedad elevada, síntomas físicos como nerviosismo, temblores e incluso llanto) y harán todo lo posible por evitar la ruptura.

Este miedo les puede llevar a mantener relaciones que en realidad les afectan negativamente o no les aportan todo el bienestar que realmente desean, y a que sean emocionalmente muy dependientes de sus parejas.

En caso de que no tengan una relación sentimental, se culparán a menudo por no haber conseguido encontrar una pareja y evitarán cualquier situación en la se suponga que deberían haber acudido con ella, como una invitación a una boda o alguna otra celebración o compromiso de carácter familiar o social.

El origen de esta palabra está en el prefijo *a* que significa «sin», «negación» y la palabra latina *nuptiae*, que significa «boda» o «casamiento». Su significado literal sería «quedarse sin boda».

Esta fobia tiene su opuesta, el miedo al matrimonio o a establecer un compromiso sentimental, que es la fobia conocida como *gametofobia* o *gamofobia*.

Una fobia con características parecidas, pero no iguales, y con la que no debemos confundirla es la *isolofobia*, que es el miedo a quedarse solo, en el sentido de aislado, en algún lugar.

El miedo al tiempo: la cronofobia

Existe una fobia causada por un estímulo del que resulta verdaderamente difícil escapar o evitar: el tiempo.

La fobia que tiene que ver con el tiempo es la llamada cronofobia, que consiste en sentir un miedo enfermizo al paso del tiempo. También llamada *neurosis de las prisiones*, debido a la ansiedad que los presos sienten al pensar en la condena que les queda por cumplir, es una fobia que se puede dar cuando se está en una situación no deseada y que se sabe se prolongará durante bastante tiempo.

Relacionada con el miedo al tiempo tenemos también otra fobia, que es la que despiertan los instrumentos que los seres humanos utilizamos para medir el paso del tiempo. Es la *cronometrofobia* o miedo anormal e intenso hacia los relojes.

Miedos a diestra y siniestra: la dextrofobia y la sinistrofobia

Existen dos tipos de fobias que se refieren a miedos a objetos o personas que estén situados en un determinado lado del cuerpo humano.

Por un lado tenemos la *dextrofobia*, que consiste en el miedo inusual a los objetos o personas situados a la derecha del cuerpo; y por el otro lado tenemos la fobia complementaria, la *sinistrofobia* o miedo desproporcionado a los objetos o personas que se encuentran situados a la izquierda del cuerpo.

Se han documentado muy pocos casos de personas que padezcan este tipo de fobias. Quienes estén afectados por estos miedos patológicos tratarán de evitar aproximarse a las cosas por la derecha o izquierda (según el tipo de fobia que padezcan) y mostrarán conductas de rechazo o evitación hacia personas u objetos que se les acerquen por el lado del cuerpo hacia el que hayan desarrollado un miedo intenso.

Los nombres de ambas fobias provienen del latín. En el caso de la dextrofobia, el origen de su nombre se encuentra en la palabra *dexter* (derecha), y en el caso de la sinistrofobia, su origen se encuentra en la palabra *sinister* (izquierda). Para algunos investigadores sinister se asocia con la izquierda porque era el nombre que se le daba al lado izquierdo de una toga romana.

La sinistrofobia también es conocida como levofobia.

Miedo al Hombre del Saco: la bogifobia

La bogifobia es el miedo enfermizo a los seres imaginarios con los que se asusta a los niños, como el Hombre del Saco, el Coco, los fantasmas, los espectros o los duendes.

Su nombre proviene de Bogeyman, que en la cultura anglosajona representa al personaje con el que se asusta a los niños. Sus equivalentes en la cultura hispana son el Coco y el Hombre del Saco.

La bogifobia es un miedo que se desarrolla durante la infancia, y que por algún motivo (una mala experiencia o las características de personalidad del niño) persiste todavía en la vida adulta.

Las personas afectadas por bogifobia tendrán miedo de vivir solas, a quedarse a solas por la noche o a vivir en lugares aislados. Pueden desarrollar problemas para conciliar el sueño, y no será extraño que, en caso de estar solas, dejen alguna luz encendida por la noche.

Miedo a la gravedad: la barofobia

La barofobia es el miedo anormal y continuado a la fuerza de gravedad.

Las personas que sufren de esta fobia son enfermizamente conscientes de experimentar la fuerza de la gravedad (la atracción de la Tierra) y temen que esa fuerza les arrastre y les haga caer. Por este motivo evitan subirse en ascensores, escaleras, atracciones o viajar en avión, ya que temen que haya algún fallo y la fuerza de la gravedad actúe, provocando un accidente.

Como en cualquier otra fobia, las personas que padecen barofobia desarrollan creencias completamente irracionales hacia el estímulo que les provoca temor. En este caso concreto pueden llegar a tener pensamientos tan aparentemente irracionales como creer que la fuerza de la gravedad (que es universalmente constante) pueda sufrir alguna alteración que haga que aumente hasta aplastarlos o que desaparezca y provoque que salgan volando por los aires.

Más fobias sorprendentes

Estas que hemos visto son solo algunas de las fobias más sorprendentes que puede desarrollar una persona. Son tantas, que tan solo dedicar unas líneas a cada una haría que la extensión del libro fuera más allá de lo que deseo. Al final de este capítulo, en el Diccionario de fobias, se listan todas las fobias de las que he podido encontrar referencias.

Aun así no me resisto, antes de ir con los apartados de cierre, a por lo menos nombrar y describir telegráficamente algunas fobias más, que por lo sorprendentes estoy seguro que llamarán la atención del lector de la misma manera que lo han hecho conmigo. Así tenemos:

Alliumfobia: Miedo a los ajos.

Anatidofobia: Miedo a estar siendo observado por un pato.

Caetofobia. Miedo al pelo y a los seres peludos.

Catoptrofobia: Miedo a los espejos.

Clinofobia: Miedo a irse a la cama.

Esciofobia: Miedo a las sombras.

Eufobia: Miedo a recibir buenas noticias.

Frenofobia o fronemofobia: Miedo a pensar.

Gefirofobia: Miedo a cruzar puentes.

Geliofobia: Miedo a la risa.

Gnoseofobia: Miedo al conocimiento.

Heortofobia: Miedo a las vacaciones.

Ideofobia: Miedo a las ideas.

Nomofobia: Miedo a separarse del teléfono móvil.

Omfalofobia: Miedo al ombligo.

Pogonofobia: Miedo a la barba y/o a las personas con barba.

Rabdofobia: Miedo a las varitas mágicas o a la magia.

Aclaraciones

Una vez más es necesario decir que, una vez leído este capítulo, el lector no deber apresurarse a calificar como trastorno psicológico cualquier situación parecida que él o ella misma padezca, o pueda observar en alguna persona de su entorno.

Hay miedos normales y miedos patológicos. Estos últimos son las fobias. Para que un miedo sea clínicamente calificado como fobia debe cumplir la serie de criterios diagnósticos marcados en los manuales de clasificación, como por ejemplo la duración (deben ser miedos que se den durante al menos varios meses), la presencia de determinados síntomas físicos y deben suponer una alteración en el curso normal de la vida de la persona.

No se deben confundir las fobias con actitudes, normalmente prejuicios, hacia personas o grupos de personas, como cuando se habla de homofobia (prejuicios hacia personas de tendencia homosexual) o xenofobia (prejuicios hacia los extranjeros o miembros de otras razas). Estos casos no son fobias sino actitudes; se tratan de prejuicios, y antes que miedo reflejan odio e intolerancia.

Muchas fobias tienen más de un nombre, a veces incluso existen tres o cuatro nombres distintos para la misma fobia, por lo que puede ocurrir que no conozcamos o no nos suene un nombre pero sí la fobia a la que hace referencia. De esta manera, la esciofobia (miedo a las sombras) se conoce también como sciofobia; la ailurofobia (miedo a los gatos) es a menudo llamada aelurofobia, elurofobia, felinofobia o gatofobia; o la psicrofobia (miedo al frío) es conocida además de por ese nombre por los de criofobia, frigofobia o queimafobia.

Curiosidades

La palabra fobia tiene su origen en el vocablo griego fobos que significa miedo o pánico. En la mitología griega, con multitud de dioses en la que cada uno representaba una determinada cualidad o poder, Fobos era el dios que personificaba el miedo y el temor. Era hijo de Ares, dios de la guerra, y de Afrodita, diosa del amor.

Fobos tenía un hermano, Deimos, que personificaba un miedo más extremo todavía, el horror. Por orden de su padre, Ares, ambos hermanos aparecían antes de las batallas humanas para infundir temor y pánico entre las filas de los combatientes que no contaban con el favor de los dioses del Olimpo griego.

Con el nombre de Fobos (o Phobos) fue bautizada una de las dos lunas del planeta Marte. La otra lleva el nombre de su hermano, Deimos. Este satélite fue descubierto en 1877 por el astrónomo estadounidense Asaph Hall, y tiene el dudoso honor de ser el satélite que más cercano orbita a su planeta de entre todos los del sistema solar. Debido a la fuerza de gravedad que Marte ejerce sobre él, los científicos creen que dentro de varios millones de años terminará chocando con el planeta, lo que se puede interpretar como una extraña metáfora de las terapias de choque que en ocasiones se utilizan para eliminar las fobias.

A menudo, cuando se habla de las fobias se las describe como miedos irracionales. Realmente el miedo, como emoción básica, es por definición irracional, ya que como hemos visto el objetivo de esta emoción es activar una conducta automática de lucha o huida para hacer frente o evitar algo que es percibido como una potencial amenaza, sin necesidad de que intervenga la parte más racional del cerebro o se tome una decisión consciente.

Clasificación diagnóstica

En el DSM, las fobias se engloban dentro de lo que clínicamente se llaman Trastornos de Ansiedad, en el apartado denominado Fobia específica.

En la CIE, las fobias se incluyen dentro de los llamados Trastornos de Ansiedad Fóbica.

Referencias

National Institute of Mental Health (2016). *Specific Phobia Among Adults*. Bethesda, MD: National Institute of Mental Health. Recuperado de http://www.nimh.nih.gov/health/statistics/prevalence/specific-phobia-among-adults.shtml

Stephen King (2003). *It*. Barcelona: Debolsillo.

Watson, J.B. & Rayner, R. (1920). *Conditioned emotional reactions*. Journal of Experimental Psychology, Vol 3, No 1, pp. 1–14. doi: 10.1037/h0069608.

FUENTES DOCUMENTALES

Barahona, D. (2016). *Mitos Griegos.* Monografias.com. Recuperado de http://www.monografias.com/trabajos94/ mitos-griegos-2/mitos-griegos-2.shtml

Bartlett, T. (2014, 2 de junio). *The Search for Psychology's Lost Boy: In 2009 the decades-old mystery of 'Little Albert' was finally solved. Or was it?* The Chronicle of Higher Education. Consultado en http://chronicle.com/article/ The-Search-for-Psychologys/146747/

Beck, H. P., Levinson, S., & Irons, G. (2009). *Finding Little Albert: A journey to John B. Watson's infant laboratory.* American Psychologist, Vol 64, No 7, pp. 605–614. doi: 10.1037/a0017234

Calza González, R. (2014). *Aprenda a controlar sus emociones mediante técnicas psicológicas.* Luxemburgo: Amazon.

Cargocollective.com. (2016). *Aibofobia: miedo o fobia a los palíndromos. Sé verlas al revés.* Recuperado de http://cargocollective.com/severlasalreves/AIBOFOBIA-Miedo-o-Fobia-a-los-palindromos-1

Culbertson, F. (1995-2010) *The Phobia List.* Fredd Culbertson. Recuperado de http://www.phobialist.com

ESA Science & Technology (2014, 2 de enero). *Martian moons: Phobos.* Francia: European Space Agency. Recuperado de http://sci.esa.int/mars-express/31031-phobos

Fobias.net (2015). *Diccionario de fobias.* Consultado en http://www.fobias.net

Fundación Mapfre (2010). *Estudio cualitativo sobre amaxofobia o miedo a conducir.* Madrid: Fundación Mapfre. Recuperado de https://www.fundacionmapfre.org/fundacion/es_es/ images/estudio-cualitativo-sobre-amaxofobia-o-miedo-a-conducir_tcm164-12329.pdf

GuíaPsicología.com (2016). *Fobias.* Barcelona: David Lorenzana Martínez, GuíaPsicología.com. Recuperado de http://guiapsicologia.com/fobias

Hille, K. (2015, 3 de diciembre). *Mars' Moon Phobos is Slowly Falling Apart.* Washington, DC: NASA, National Aeronautics and Space Administration. Recuperado de http://www.nasa.gov/feature/goddard/phobos-is-falling-apart

Jiménez Gálvez, J. (2015, 26 de abril*). ¿Por qué tengo miedo a conducir?* Madrid: Ediciones El País S.L. Recuperado de http://politica.elpais.com/politica/2015/04/25/actualidad /1429981432_298344.html

Kessler, R.C., Berglund, P.A., Demler, O., Jin, R., Walters E.E. (2005). *Lifetime prevalence and age-of-onset distributions of DSM-IV disorders in the National Comorbidity Survey Replication (NCS-R).* Archives of General Psychiatry. Jun; 62(6): 593-602.

Kessler, R.C., Chiu, W.T., Demler, O., Walters, E.E. (2005). *Prevalence, severity, and comorbidity of twelve-month DSM-IV disorders in the National Comorbidity Survey Replication (NCS-R).* Archives of General Psychiatry, Jun; 62(6):617-27.

Lafuente, H. (2015). *Fobias, diccionario. Tipos de fobias.* Apocastasis.com: Literatura y contenidos seleccionados. Recuperado de http://web.archive.org/web/2016020 5174538/http:/apocatastasis.com/fobias-diccionario.php #axzz3zPJP4a6H

Pacheco, J. (2015). *El miedo al desorden, es una fobia llamada ataxofobia.* EsAsombroso.com. Recuperado de http://esasombroso.com/el-miedo-al-desorden-es-una-fobia-llamada-ataxofobia

Paul Ekman Group, LLC (2013). *Paulekman.com.* San Francisco, CA: Paul Ekman Group. Consultado en https://www.paulekman.com

Quinion, Michael (2003, 9 de agosto). *Coulrophobia.* Michael Quinion, World Wide Words. Consultado en http://www.worldwidewords.org/weirdwords/ww-col2.htm

Regader, B. (2016). *Coulrofobia (miedo a los payasos): causas, síntomas y tratamiento.* Psicologiaymente.net. Recuperado de https://psicologiaymente.net/clinica/coulrofobia-miedo-a-los-payasos

The Dog, R. (2011, 10 de junio). *50 fobias.* Listas de 20minutos.es. Recuperado de http://listas.20minutos.es/lista/50-fobias-291607

Wang P.S., Lane M., Olfson M., Pincus H.A., Wells K.B., Kessler R.C. (2005). *Twelve month use of mental health services in the United States.* Archives of General Psychiatry. Jun; 62(6):629-640.

DICCIONARIO DE FOBIAS

A

Ablutofobia: Miedo a asearse, lavarse o bañarse.

Acarofobia: Miedo a los ácaros y otros parásitos.

Acerofobia: Miedo a la acidez, a las sustancias o alimentos ácidos. También llamada acerbofobia.

Acluofobia: Miedo a la oscuridad. También llamada escotofobia.

Acrofobia: Miedo a las alturas. También llamada altofobia o batofobia.

Acuafobia: Miedo al agua.

Acusticofobia: Miedo al ruido y a los sonidos. También llamada acustifobia.

Aeroacrofobia: Miedo a los lugares altos y abiertos.

Aerofobia: Miedo a volar en avión. Miedo a las corrientes de aire y al viento. También llamada ancraofobia.

Aeronausifobia: Miedo a vomitar durante un vuelo en un avión a causa de un mareo o malestar.

Afenfosfobia: Miedo a ser tocado.

Agateofobia: Miedo a volverse loco. También llamada dementofobia.

Agirofobia: Miedo a cruzar la calle.

Agliofobia: Miedo a sentir algún tipo de dolor o sufrimiento. También llamada odinofobia.

Agorafobia: Miedo a los espacios abiertos, a los lugares públicos o a estar entre una multitud.

Agrafobia: Miedo a ser víctima de abusos sexuales.

Agrizoofobia: Miedo a los animales salvajes.

Aibofobia: Miedo a las palabras palíndromas (palabras que se leen igual de izquierda a derecha que de derecha a izquierda).

Aicmofobia: Miedo las agujas y a los objetos punzantes. También llamada aicnofobia, aigmofobia o belonefobia.

Ailurofobia: Miedo a los gatos. También llamada aelurofobia, elurofobia, felinofobia o gatofobia.

Albuminurofobia: Miedo a las enfermedades del riñón.

Alectrofobia o alektorofobia: Miedo a las gallinas, pollos y otras aves de corral.

Algofobia o agliofobia: Miedo a experimentar dolor.

Alliumfobia: Miedo a los ajos.

Allodoxafobia o alodoxofobia: Miedo a las opiniones de los demás.

Amatofobia: Miedo al polvo o la suciedad.

Amaxofobia: Miedo a conducir un vehículo.

Ambulofobia: Miedo a caminar.

Amicofobia: Miedo a los arañazos o a rascarse.

Amnesifobia: Miedo a perder la memoria.

Anablefobia: Miedo a mirar hacia arriba.

Anatidofobia: Miedo a estar siendo observado por un pato.

Ancrofobia o anemofobia: Miedo al viento.

Androfobia o arrenofobia: Miedo a los hombres, a los varones.

Anginofobia: Miedo a atragantarse o asfixiarse al ingerir alimentos. Miedo a la estrechez.

Anquilofobia: Miedo a ser escayolado, miedo a la inmovilidad.

Antlofobia: Miedo a las inundaciones.

Antrofobia: Miedo a las flores.

Antropofobia: Miedo a los seres humanos.

Anuptafobia: Miedo a quedarse soltero o soltera.

Apeirofobia: Miedo al infinito.

Apifobia: Miedo a las avispas o a las abejas.

Aporofobia: Miedo a las personas pobres.

Apotenmofobia: Miedo a las amputaciones y a las personas con amputaciones.

Aracnofobia: Miedo a las arañas.

Araquibutirofobia: Miedo a las cáscaras de los cacahuetes.

Aritmofobia: Miedo a los números. También llamada numerofobia.

Arsonfobia: Miedo al fuego. También llamada pirofobia.

Asimetrifobia: Miedo a las formas y cosas asimétricas.

Astenofobia: Miedo a desmayarse. Miedo a la debilidad. También llamada atenofobia.

Astrafobia: Miedo a las tormentas, truenos, relámpagos, y rayos. También llamada astrapofobia, brontofobia, ceraunofobia o tonitrofobia.

Astrofobia: Miedo a las estrellas.

Ataxiofobia: Miedo a perder la coordinación muscular.

Ataxofobia: Miedo al desorden.

Atazagorafobia: Miedo a las distracciones o los olvidos.

Atelofobia: Miedo a la imperfección y a ser imperfecto.

Atiquifobia: Miedo al fracaso.

Atomosofobia: Miedo de las explosiones nucleares.

Aulofobia: Miedo a las flautas.

Aurofobia: Miedo al oro.

Aurorafobia: Miedo a las auroras boreales.

Autodisomofobia: Miedo al mal olor, a oler mal o a alguien con mal olor.

Autofobia: Miedo a la soledad o a uno mismo.

Automatofobia o automatonofobia: Miedo a los objetos o muñecos animados, como muñecos de ventrílocuos, autómatas, robots con aspecto humano o maniquíes.

Automisofobia: Miedo a ensuciarse.

B

Bacilofobia: Miedo a los microbios.

Bacteriofobia: Miedo a las bacterias.

Balistofobia: Miedo a las armas, balas y proyectiles.

Bambacofobia: Miedo al algodón.

Barofobia: Miedo a la fuerza de la gravedad.

Basofobia o basifobia: Miedo a no poder caminar o a caerse.

Batmofobia: Miedo a las escaleras.

Batofobia: Miedo a los precipicios o las profundidades.

Batracofobia: Miedo a los anfibios, como ranas, sapos, salamandras o tritones.

Belonefobia: Miedo a las agujas, alfileres, cuchillos u objetos punzantes. También llamada aicnofobia.

Bibliofobia: Miedo a los libros.

Blenofobia: Miedo a la viscosidad y a las sustancias pegajosas.

Bogifobia: Miedo al seres imaginarios con los que se asusta a los niños, como el hombre del saco, el coco, los duendes o los espectros.

Botanofobia: Miedo a las plantas.

Bromidrosifobia o bromidrofobia: Miedo al olor corporal, propio o ajeno.

Brontofobia: Miedo a las tormentas, rayos, relámpagos y truenos. También llamada astrapofobia, ceraunofobia o tonitrofobia.

Bufonofobia: Miedo a los sapos.

C

Cacofobia: Miedo a la fealdad.

Caetofobia: Miedo al pelo y a los seres peludos.

Cainofobia, cainotofobia o cainolofobia: Miedo a lo nuevo y a la novedad.

Caliginefobia o caliguinefobia: Miedo a las mujeres hermosas. También llamada venustrafobia o complejo de Licea.

Cancerofobia o carcinfobia: Miedo a padecer cáncer.

Cardiofobia: Miedo a padecer enfermedades cardiacas.

Carnofobia: Miedo a la carne.

Catagelofobia: Miedo a hacer el ridículo.

Catapedafobia: Miedo a dar saltos.

Catisolofobia o catisofobia: Miedo a sentarse.

Catoptrofobia: Miedo a los espejos.

Centofobia: Miedo a las cosas o ideas nuevas.

Ceraunofobia: Miedo a los rayos y truenos.

Cheimafobia: Miedo al frío.

Chemofobia: Miedo a los productos químicos.

Chirofobia: Miedo a las manos.

Chorofobia: Miedo a bailar.

Cianofobia: Miedo al color azul.

Ciberfobia: Miedo a los ordenadores.

Cibofobia: Miedo a los alimentos.

Ciclofobia: Miedo a las bicicletas.

Cimofobia: Miedo a las olas.

Cinofobia: Miedo a los perros.

Cionofobia: Miedo a la nieve.

Cipridofobia, ciprifobia, ciprianofobia o ciprinofobia: Miedo a las prostitutas y a las enfermedades venéreas.

Claustrofobia: Miedo a los espacios cerrados.

Cleinofobia, cleitrofobia, cleisiofobia o clitrofobia: Miedo a quedarse encerrado.

Cleptofobia: Miedo a los robos.

Climacofobia: Miedo a las escaleras.

Clinofobia: Miedo a ir a la cama.

Clorofobia: Miedo al color verde.

Cnidofobia: Miedo a las cadenas. También se utiliza para referirse al miedo a los insectos con aguijón.

Coimetrofobia: Miedo a los cementerios.

Coinonifobia: Miedo a las habitaciones.

Coitofobia: Miedo al sexo y a mantener relaciones sexuales.

Colerofobia: Miedo al enfado.

Colpofobia: Miedo a los genitales, normalmente hacia los femeninos. También llamada eurotofobia.

Cometofobia: Miedo a los cometas.

Coniofobia: Miedo al polvo. También llamada amatofobia.

Consecotaleofobia: Miedo a los palillos chinos.

Contreltofobia: Miedo a ser víctima de un abuso sexual.

Copofobia: Miedo a fatigarse.

Coprastasofobia: Miedo al estreñimiento.

Coprofobia: Miedo a los excrementos.

Corofobia: Miedo a bailar.

Cosmicofobia: Miedo al cosmos.

Coulrofobia: Miedo a los payasos.

Cremnofobia: Miedo a los precipicios.

Criofobia: Miedo al frío extremo.

Crisofobia: Miedo al oro.

Cristalofobia: Miedo a los cristales.

Cromatofobia o cromofobia: Miedo a los colores.

Crometofobia o crematofobia: Miedo al dinero.

Cronofobia: Miedo al paso del tiempo.

Cronometrofobia: Miedo a los relojes.

Cuniculifobia: Miedo a los conejos.

D

Decidofobia: Miedo a tomar decisiones.

Defecaloesiofobia: Miedo al dolor de tripas.

Deipnofobia: Miedo a las cenas y a las conversaciones de sobremesa.

Dementofobia: Miedo a volverse loco. También llamada agateofobia.

Demofobia: Miedo a las multitudes. También llamada oclofobia.

Demonofobia: Miedo a los demonios. También llamada daemonofobia.

Dendrofobia: Miedo a los árboles. También llamada hilofobia o xilofobia.

Dentofobia: Miedo a ir al dentista.

Dermatofobia: Miedo a las enfermedades de la piel. También llamada dermatosiofobia o dermatopatofobia.

Deshabiliofobia: Miedo a desnudarse. También llamada dishabiliofobia.

Deuterofobia: Miedo a los lunes.

Dextrofobia: Miedo a los objetos situados cerca de la derecha del cuerpo.

Diabetofobia: Miedo a la diabetes.

Didascaleinofobia o didaskaleinofobia: Miedo a ir a la escuela.

Dikefobia: Miedo a la justicia.

Dinofobia: Miedo a marearse. Miedo a padecer vértigo.

Diplofobia: Miedo a la doble visión.

Dipsofobia: Miedo a las bebidas alcohólicas y a emborracharse.

Diquefobia: Miedo a la justicia.

Dismorfofobia: Miedo a los defectos físicos.

Distiquifobia: Miedo a los accidentes.

Domatofobia: Miedo a las casas.

Dorafobia: Miedo a las pieles de animales.

Dromofobia: Miedo a cruzar la calle. También llamada agirofobia.

E

Eclesiofobia: Miedo a las iglesias.

Ecofobia o eicofobia: Miedo al hogar.

Efebifobia: Miedo a los adolescentes.

Eisoptrofobia: Miedo a los espejos.

Electrofobia: Miedo a la electricidad.

Elenterofobia: Miedo a la adversidad.

Eleuterofobia: Miedo a la libertad.

Elurofobia: Miedo a los gatos. También llamada ailurofobia, felinofobia o galeofobia.

Emetofobia: Miedo a vomitar y al vómito.

Enetofobia: Miedo a los objetos puntiagudos.

Enoclofobia: Miedo a las multitudes.

Enosiofobia: Miedo a cometer una falta imperdonable. Miedo a ser criticado.

Entomofobia: Miedo a los insectos.

Eosofobia: Miedo a la luz del día.

Epistaxiofobia: Miedo a sangrar por la nariz.

Epistemofobia: Miedo al conocimiento. También llamada gnosiofobia.

Equinofobia: Miedo a los caballos. También llamada hipofobia.

Eremofobia: Miedo a estar a solas.

Ereutrofobia o eritrofobia: Miedo a ruborizarse.

Ergasiofobia: Miedo al trabajo y a trabajar. También llamada ergofobia.

Ergasiofobia: Miedo de un cirujano a operar.

Ergofobia: Miedo al trabajo.

Eritrofobia: Miedo a ruborizarse y al color rojo.

Ermitofobia: Miedo a estar solo.

Erotofobia: Miedo al sexo.

Escabiofobia: Miedo a las costras y postillas de la piel.

Escatofobia: Miedo a los excrementos.

Esciofobia: Miedo a las sombras.

Escolequifobia: Miedo a los gusanos. También llamada escolecifobia y helmintofobia.

Escolionofobia: Miedo a la escuela.

Escopofobia: Miedo a ser observado o mirado. También llamada escoptofobia.

Escotofobia: Miedo a la oscuridad. También llamada acluofobia.

Escotomafobia: Miedo a la ceguera.

Escriptofobia: Miedo a escribir en público.

Espaciofobia: Miedo al espacio exterior.

Especsofobia: Miedo a las avispas. También llamada esfecsofobia.

Espectrofobia: Miedo a los espectros y fantasmas.

Espermatofobia: Miedo al semen. También llamada espermofobia.

Esquelerofobia: Miedo a los hombres malos.

Esquiofobia o esquiafobia: Miedo a las sombras.

Estasibasifobia o estasifobia: Miedo a estar de pie. También llamada ambulofobia.

Estaurofobia: Miedo a las cruces y crucifijos.

Estenofobia: Miedo a las cosas o lugares estrechos.

Estigiofobia: Miedo al infierno.

Eufobia: Miedo a recibir buenas noticias.

Eurotofobia: Miedo a los genitales femeninos.

F

Fagofobia: Temor a comer o a tragar.

Falacrofobia: Miedo a la calvicie.

Falofobia: Miedo al pene o las erecciones.

Farmacofobia: Miedo a tomar medicinas o a las drogas.

Fasmofobia: Miedo a los fantasmas. También llamada espectrofobia.

Febrifobia: Miedo a tener fiebre. También llamada fibrifobia o fibriofobia.

Felinofobia: Miedo a los felinos (gatos). También llamada ailurofobia, galeofobia o gatofobia.

Fengofobia: Miedo a la luz del día.

Filemafobia o filematofobia: Miedo a los besos.

Filofobia: Miedo al amor, a enamorarse y a las relaciones y compromisos.

Filosofobia: Miedo a la filosofía.

Fobia social: Miedo a situaciones sociales por temor a ser evaluado negativamente.

Fobofobia: Miedo al miedo.

Fonofobia: Miedo a los ruidos.

Fotoaugliafobia: Miedo a las luces brillantes.

Fotofobia: Miedo a la luz.

Frenofobia o fronemofobia: Miedo a pensar.

Friggatriscaidecafobia: Miedo al viernes 13. También llamada triscaidecafobia, collafobia o parascevedeca-triafobia.

Frigofobia: Miedo al frío y a las cosas frías.

G

Galeofobia: Miedo a los gatos. También llamada gelofobia o gatofobia.

Gametofobia o gamofobia: Miedo al matrimonio.

Gatofobia: Miedo a los gatos.

Gefirofobia: Miedo a cruzar puentes. También llamada gefidrofobia o fefisrrofobia.

Geliofobia: Miedo a la risa.

Gelotofobia: Miedo a ser objeto de burla.

Gemnafobia: Miedo a degustar y sentir sabores. También llamada gemnofobia.

Geniofobia: Miedo a las barbillas (zona de la cara).

Genofobia: Miedo al sexo.

Genufobia: Miedo a las rodillas.

Gerontofobia: Miedo a los ancianos y a envejecer. También llamada gerascofobia.

Geumafobia: Miedo al sabor y al gusto.

Gimnofobia: Miedo a la desnudez.

Ginefobia: Miedo a las mujeres.

Glosofobia: Miedo a hablar.

Gnoseofobia: Miedo al conocimiento.

Gordofobia: Miedo a las personas obesas o a engordar.

Grafofobia: Miedo a escribir.

H

Hadefobia: Miedo al infierno.

Hafefobia o hefefobia: Miedo a ser tocado.

Hagiofobia: Miedo a los santos y a las reliquias sagradas.

Hamartofobia: Miedo a cometer pecados.

Hapofobia: Miedo a tocar a alguien.

Harpaxofobia: Miedo al robo o a los ladrones.

Hedonofobia: Miedo a sentir placer.

Helenologofobia: Miedo a los términos griegos o a la terminología científica compleja.

Heliofobia: Miedo al sol.

Helmintofobia: Miedo a los gusanos.

Hematofobia: Miedo a la sangre. También llamada hemofobia.

Heortofobia: Miedo a las vacaciones.

Heresifobia: Miedo a los desafíos la doctrina oficial. También llamada hereiofobia.

Herpetofobia: Miedo a los reptiles.

Heterofobia: Miedo al sexo opuesto. También llamada sexofobia.

Hexakosioihexekontahexafobia: Miedo al número 666. También llamada trihexafobia.

Hialofobia: Miedo al cristal. También llamada hielofobia

Hidrargiofobia: Miedo a los medicamentos que contengan mercurio.

Hidrofobia: Miedo al agua.

Hidrofobofobia: Miedo a la rabia.

Hierofobia: Miedo a los sacerdotes. Miedo a las cosas sagradas. También llamada jerofobia.

Higrofobia: Miedo a los líquidos o a la humedad.

Hilefobia: Miedo al materialismo. También se utiliza para el miedo a sufrir ataques epilépticos.

Hilofobia: Miedo a los bosques.

Hipengiofobia: Miedo a la responsabilidad. También llamada hipegiafobia.

Hipertricofobia: Miedo al pelo.

Hipnofobia: Miedo a dormir. También llamada somnifobia.

Hipofobia: Miedo a los caballos. También llamada equinofobia.

Hipopotomonstrosesquipedaliofobia: Miedo a las palabras largas por temor a equivocarse. También llamada hipopotomonstrosesquipedalofobia o sesquipedaliofobia.

Hipsifobia: Miedo a las alturas. También llamada acrofobia.

Hobofobia: Miedo a los vagabundos.

Hodofobia: Miedo a los viajes, en especial por carretera.

Homiclofobia: Miedo a la niebla. También llamada nebulafobia.

Homilofobia: Miedo a los sermones.

Hominofobia: Miedo a los seres humanos.

Hoplofobia: Miedo a las armas de fuego.

Hormefobia: Miedo a las emociones fuertes y shocks.

I

Iatrofobia: Miedo a ir al médico. También llamada yatrofobia.

Ictiofobia: Miedo a los peces y al pescado.

Ideofobia: Miedo a las ideas.

Ilingofobia: Miedo a padecer vértigo.

Insectofobia: Miedo a los insectos.

Iofobia: Miedo al veneno y a ser envenenado.

Isolofobia: Miedo a estar solo.

Isopterofobia: Miedo a las termitas.

Itifalofobia: Miedo a tener una erección.

K

Kakorrharfiofobia, kakorrafiafobia, kakorrhafiafobia, kakorrafiofobia o kakorrhafiofobia: Miedo al fracaso. También llamada cacorrafiofobia, cacorrafiafobia o atiquifobia.

Kenofobia: Miedo al vacío. Miedo a espacios amplios y vacíos. También llamada quenofobia.

Kifofobia: Miedo a inclinarse.

Kinesiofobia o kinesofobia: Miedo al movimiento. También llamada quinesiofobia o quinesofobia.

L

Lacanofobia: Miedo a las verduras.

Lagofobia: Temor a las liebres.

Laliofobia o lalofobia: Miedo a hablar.

Latrofobia: Miedo a los médicos.

Lepidopterofobia: Miedo a las mariposas.

Leprofobia o leprafobia: Miedo a los leprosos. Miedo a contraer la lepra y a los leprosos.

Leucofobia: Miedo al color blanco.

Levofobia: Miedo a las cosas ubicadas cerca de la izquierda del cuerpo.

Licantrofobia: Miedo a los licántropos (hombres lobo).

Ligirofobia: Miedo a los ruidos fuertes, agudos y repentinos.

Ligofobia: Miedo a la oscuridad.

Liguirofobia: Miedo a los ruidos fuertes.

Lilapsofobia: Miedo a los tornados y los huracanes.

Limnofobia: Miedo a los lagos.

Linonofobia: Miedo a las cuerdas.

Lisofobia: Miedo al enfado, a la rabia o a volverse loco.

Liticafobia: Miedo a los pleitos.

Locquiofobia: Miedo al parto. También llamada loquiofobia, locquiofobia, parturifobia o tocofobia.

Logicomecanofobia: Miedo a los ordenadores.

Logofobia: Miedo a las palabras.

Luifobia: Miedo a contraer la sífilis.

Lutrafobia: Miedo a las nutrias.

M

Macrofobia: Temor a las esperas largas.

Mageirocofobia o megeirocofobia: Miedo a cocinar.

Maieusiofobia: Miedo al embarazo o al parto. También llamada mayeusiofobia, maleusiofobia o tocofobia.

Malaxofobia: Miedo al juego amoroso. También llamada sarmasofobia.

Maniafobia: Miedo a volverse loco.

Mastigofobia: Miedo al castigo.

Mayeusiofobia: Miedo al parto.

Mecanofobia: Miedo a las máquinas.

Medomalacufobia: Miedo a perder una erección.

Medortofobia: Miedo a la erección masculina.

Megalofobia: Miedo a las cosas grandes.

Melanofobia: Miedo al color negro.

Melisofobia: Miedo a las abejas.

Melofobia: Miedo a la música. También llamada musicofobia.

Meningitofobia: Miedo a las enfermedades del cerebro, especialmente a la meningitis.

Menofobia: Miedo a la menstruación.

Merintofobia: Miedo a ser atado.

Metalofobia: Miedo a los metales.

Metatesiofobia: Miedo a los cambios.

Meteorofobia: Miedo a los meteoritos.

Metifobia: Miedo al alcohol y a las bebidas alcohólicas.

Metrofobia: Miedo a la poesía.

Micofobia: Miedo a las setas y hongos.

Microbiofobia: Miedo a los microbios. También llamada bacilofobia. Miedo a las cosas pequeñas.

Mictofobia: Miedo a la oscuridad.

Mirmecofobia: Miedo a las hormigas.

Misofobia: Miedo a la suciedad y la contaminación. También llamada germofobia.

Misofonía: Miedo a los sonidos producidos por el cuerpo de otras personas, como los que se hacen al comer o al respirar. En ocasiones, más que miedo puede ser falta de tolerancia.

Mitofobia: Miedo a las mentiras.

Mixofobia: Miedo a mezclarse con gente diferente.

Mnemofobia: Miedo a los recuerdos. También llamada nemofobia.

Molismofobia o molisomofobia: Miedo a la suciedad.

Monofobia: Miedo a la soledad o a estar a solas.

Monopatofobia: Miedo a las enfermedades.

Motefobia: Miedo a las polillas.

Motorfobia: Miedo a los automóviles.

Musofobia: Miedo a los ratones y roedores. También llamada murofobia.

N

Nebulafobia: Miedo a la niebla. También llamada homiclofobia.

Necrofobia: Miedo a la muerte, a los seres muertos y a los cadáveres.

Nefofobia: Miedo a las nubes.

Nelofobia: Miedo al vidrio.

Neofarmacofobia: Miedo a los nuevos medicamentos.

Neofobia: Miedo a lo nuevo, a las nuevas experiencias.

Neumatifobia: Miedo a los espíritus.

Nictofobia o noctifobia: Miedo a la noche o la oscuridad.

Nictohilofobia: Miedo a los bosques oscuros.

Nihilofobia: Miedo a la nada.

Nomatofobia: Miedo a los nombres.

Nomofobia: Miedo a separarse del teléfono móvil.

Nosocomefobia: Miedo a los hospitales.

Nosofobia: Miedo a enfermar. También llamada nosemafobia.

Nostofobia: Miedo a volver a casa.

Novercafobia: Miedo a la madrastra.

Nucleomitufobia: Miedo a las armas nucleares.

Nudofobia: Miedo a la desnudez.

Numerofobia: Miedo a los números.

O

Obesofobia: Miedo a aumentar de peso. También llamada pocrescofobia.

Oclofobia: Miedo a las multitudes. También llamada enoclofobia o demofobia.

Ocofobia: Miedo a los vehículos.

Octofobia: Miedo al número 8.

Odinofobia u odinefobia: Miedo a sentir algún tipo de dolor o sufrimiento. También llamada agliofobia o algofobia.

Odontofobia: Miedo a los dientes, al dentista o a cualquier tipo de tratamiento dental.

Oenofobia: Miedo al vino.

Ofidiofobia: Miedo a las serpientes.

Oftalmofobia: Miedo a ser mirado u observado fijamente.

Oicofobia: Miedo a la propia casa o a lo que tiene aspecto hogareño. También llamada eicofobia.

Olfactofobia: Miedo a los olores.

Omatofobia: Miedo a los ojos. También llamada ommatofobia y ommetafobia.

Ombrofobia: Miedo a la lluvia. Miedo a ser mojado por la lluvia. También llamada pluviofobia.

Omfalofobia: Miedo al ombligo.

Onigmofobia: Miedo a tener sueños húmedos. También llamada oneirogmofobia y onirogmofobia.

Onirofobia: Miedo a los sueños. También llamada oneirofobia.

Onomatofobia: Miedo a escuchar una determinada palabra.

Opiofobia: Miedo al opio.

Optofobia: Miedo a abrir los ojos.

Ornitofobia: Miedo a los pájaros.

Ortofobia: Miedo a la propiedad.

Osmofobia: Miedo a oler. También llamada olfactofobia y osfresiofobia.

Ostraconofobia: Miedo al marisco.

P

Pagofobia: Miedo al hielo o a la escarcha.

Panofobia: Miedo a todo. También llamada pantofobia.

Panzofobia: Miedo a sufrir o enfermar.

Papilofobia: Miedo a las mariposas.

Papirofobia: Miedo al papel.

Parafobia: Miedo a la perversión sexual.

Paralipofobia: Miedo a las responsabilidades.

Parascevedecatriafobia: Miedo al viernes 13. También llamada paraskevidekatriafobia.

Parasitofobia: Miedo a los parásitos.

Partenofobia: Miedo a las mujeres vírgenes o jóvenes.

Parturifobia: Miedo al parto. También llamada loquiofobia o tocofobia.

Patofobia: Miedo a las enfermedades.

Patroiofobia: Miedo a la herencia. También llamada patroyofobia.

Pecatofobia: Miedo a pecar.

Pediculofobia: Miedo a los piojos.

Pediofobia: Miedo a las muñecas.

Pedofobia: Miedo a los niños.

Peladofobia: Miedo a las personas calvas.

Pelagrofobia: Miedo a la pelagra (enfermedad causada por la falta de ciertas vitaminas y que se caracteriza por manchas en la piel y malestares digestivos y nerviosos).

Peniafobia: Miedo a la pobreza.

Penterafobia: Miedo a la suegra.

Piretofobia: Miedo a la fiebre. También llamada febrifobia, fibrifobia o fibriofobia.

Pirexiofobia: Miedo a las alucinaciones de la fiebre.

Pirofobia: Miedo al fuego.

Placofobia: Miedo a las lápidas.

Plutofobia: Miedo a la riqueza, a la abundancia.

Pluviofobia: Miedo a la lluvia.

Pneumatifobia: Miedo a los espíritus. También llamada neumatifobia.

Pnigofobia: Miedo a ahogarse o a atragantarse. También llamada pnigerofobia.

Pocrescofobia: Miedo a aumentar de peso. También llamada obesofobia.

Podofobia: Miedo a los pies.

Pogonofobia: Miedo a la barba.

Poinefobia: Miedo al castigo.

Poliosofobia: Miedo a contraer la poliomielitis.

Politicofobia: Miedo a los políticos y a la política.

Ponofobia: Miedo a trabajar demasiado.

Porfirofobia: Miedo al color púrpura.

Pornofobia: Miedo a la pornografía.

Potamofobia: Miedo a los ríos y las corrientes de agua.

Potofobia: Miedo a las bebidas alcohólicas.

Proctofobia: Miedo a las enfermedades rectales.

Prosofobia: Miedo al progreso.

Proteinfobia: Miedo a las proteínas.

Pselismofobia: Miedo a tartamudear.

Psicofobia: Miedo a la mente.

Psicopatofobia: Miedo a volverse loco.

Psicrofobia: Miedo al frío. También llamada criofobia, frigofobia o queimafobia.

Pteromeranofobia: Miedo a volar.

Pteronofobia: Miedo a las cosquillas hechas con una pluma. También llamada pternofobia.

Ptiriofobia: Miedo a los piojos.

Ptisiofobia: Miedo a la tuberculosis.

Pupafobia: Miedo a los títeres.

Q

Queimafobia: Miedo al frío. También llamada queimatofobia, criofobia, frigofobia o psicrofobia.

Quenofobia: Miedo al vacío.

Querofobia: Miedo a la alegría o la felicidad.

Quetofobia: Miedo al pelo.

Quimiofobia: Miedo a los productos químicos.

Quionofobia: Miedo a la nieve.

Quiraptofobia: Miedo a ser tocado. También llamada afenfosfobia, hafefobia o haptefobia.

Quirofobia: Miedo a las manos.

R

Rabdofobia: Miedo a ser castigado a golpes con una vara. También miedo a las varitas mágicas o a la magia.

Radiofobia: Miedo a la radiación y a los rayos X.

Ranidafobia: Miedo a las ranas.

Rectofobia: Miedo al recto o a las enfermedades rectales.

Ripofobia: Miedo a defecar.

Ritifobia: Miedo a las arrugas.

Rupofobia: Miedo a la suciedad.

Rutilofobia: Miedo a las personas pelirrojas.

S

Samhainofobia: Miedo a Halloween. También llamada chamainofobia.

Sanguivorifobia: Miedo a los sanguívoros o vampiros. También llamada hematofagofobia.

Sarmasofobia: Miedo al cortejo y a los juegos amorosos. También llamada malaxofobia.

Satanofobia: Miedo a Satán.

Sciofobia: Miedo a las sombras.

Scotofobia: Miedo a la oscuridad.

Scriptofobia: Miedo a escribir en público.

Selacofobia: Miedo a los tiburones.

Selafobia: Miedo a los flashes de luz y destellos repentinos.

Selenofobia: Miedo a la luna.

Seplofobia: Miedo a las sustancias putrefactas o en descomposición.

Sesquipedaliofobia: Miedo a las palabras largas. También llamada sesquipedalofobia o hipopotomonstrosesquipedaliofobia.

Sexofobia: Miedo a la sexualidad.

Sicofobia: Miedo a los higos.

Sidafobia: Miedo al SIDA.

Siderodromofobia: Miedo a los trenes y vías férreas.

Siderofobia: Miedo a las estrellas.

Sifilofobia: Miedo a padecer la sífilis.

Simantrofobia: Miedo a las campanas de las iglesias.

Simbolofobia: Miedo a los símbolos.

Simetrofobia: Miedo a la simetría.

Singenesfobia: Miedo a los familiares o parientes.

Sinistrofobia: Miedo a coger cosas con la mano izquierda, a las personas zurdas o a todo lo que está situado a la izquierda.

Sitiofobia: Miedo a la comida o a comer. También llamada sitofobia o cibofobia.

Socerafobia o soquerafobia: Miedo a los suegros.

Sociofobia: Miedo a la sociedad.

Sofofobia: Miedo a aprender.

Somnifobia: Miedo a dormir. También llamada hipnofobia.

Soteriofobia: Miedo a la dependencia y a depender de los demás.

Spectrofobia: Miedo a espectros o fantasmas.

Surifobia: Miedo a los ratones.

T

Tacofobia: Miedo a la velocidad.

Taeniafobia: Miedo a la tenia o lombriz solitaria.

Tafofobia, tapefobia o tafiofobia: Miedo a ser enterrado vivo, a las tumbas y a los cementerios.

Talasofobia: Miedo al mar o al océano.

Tanatofobia: Miedo a la muerte o a morir. También llamada tantofobia.

Tapinofobia: Miedo a contagiar o ser contagiado con una enfermedad.

Tasofobia: Miedo al ocio. Miedo a sentarse.

Taurofobia: Miedo a los toros.

Teatrofobia: Miedo a los teatros.

Tecnofobia: Miedo a la tecnología y a los adelantos tecnológicos.

Telefonofobia: Miedo a los teléfonos.

Teleofobia: Miedo a hacer planes.

Teofobia: Miedo a los dioses o a la religión.

Teologicofobia: Miedo a la teología.

Teratofobia: Miedo a las personas con deformaciones o defectos físicos.

Termofobia: Miedo al calor.

Testofobia: Miedo a los tests o exámenes.

Tetrafobia: Miedo al número 4.

Textofobia: Miedo al tacto de una tela.

Tiranofobia: Miedo a los tiranos.

Tocofobia: Miedo al embarazo. Miedo al parto. También llamada maieusiofobia, parturifobia o loquiofobia.

Tomofobia: Miedo a las operaciones quirúrgicas.

Tonitrofobia: Miedo a los truenos.

Topofobia: Miedo a ciertos lugares o situaciones.

Toxifobia: Miedo al veneno. Miedo enfermizo a ser envenenado. También llamada toxofobia o toxicofobia

Traumatofobia: Miedo a las lesiones causa de un accidente.

Tredecafobia: Miedo al número trece, a la mala suerte.

Tremofobia: Miedo a los terremotos.

Trezidavomartiofobia: Miedo al martes 13.

Tricofobia: Miedo al pelo. También llamada hipertricofobia, caetofobia o quetofobia.

Tricopatofobia: Miedo a una enfermedad que afecte al cabello.

Tripanofobia: Temor a las agujas, jeringillas, inyecciones u otros objetos puntiagudos. También llamada aicmofobia o belonefobia.

Tripofobia: Miedo a las figuras geométricas muy juntas.

Triskaidekafobia, triakaidekafobia o triscadecafobia: Miedo irracional al número trece.

Tropofobia: Miedo a mudarse o a hacer cambios.

Tuberculofobia: Miedo a padecer tuberculosis.

Turofobia: Miedo al queso.

Tursifobia: Miedo a los pepinillos.

U

Uranofobia u ouranofobia: Miedo al o a la idea de cielo o paraíso.

Urofobia: Miedo a la orina.

V

Vacunafobia o vaquinofobia: Miedo a las vacunas y la vacunación.

Venereofobia: Miedo a las enfermedades venéreas.

Venustrafobia: Miedo a las mujeres hermosas. También llamada caliginefobia.

Verbofobia: Miedo a las palabras. También llamada logofobia.

Vermifobia: Miedo a los gusanos.

Verminofobia: Miedo a los gérmenes.

Vestifobia: Miedo a vestirse y a la ropa.

Vicafobia: Miedo a las brujas y la brujería. También llamada wiccafobia.

Virginitifobia: Miedo a la violación.

Vitricofobia: Miedo al padrastro.

X

Xantofobia: Miedo al color amarillo.

Xenoglosofobia: Miedo a las lenguas extranjeras.

Xerofobia: Miedo a la sequedad y a los lugares secos.

Xilofobia: Miedo a la madera.

Xirofobia: Miedo a las navajas barberas.

Z

Zelofobia: Miedo a los celos.

Zemifobia: Miedo a los topos.

Zeusofobia: Miedo a Dios o a los dioses.

Zoofobia: Miedo a los animales.

EL SÍNDROME DE STENDHAL: CUANDO LA BELLEZA ABRUMA

El Síndrome de Stendhal es un trastorno psicológico que se caracteriza porque la persona que lo padece sufre una serie de síntomas físicos (palpitaciones, taquicardia, sudoración, vértigo, temblores e incluso alucinaciones) cuando se encuentra en presencia de obras de arte especialmente bellas.

Stendhal

Stendhal era uno de los seudónimos tras los que se encontraba el escritor francés Henri Beyle (1783–1842), considerado uno de los máximos exponentes de la corriente llamada *realismo literario*, movimiento que vino a sustituir al romanticismo.

Mientras que el realismo se había caracterizado por el sentimentalismo, la literatura realista, surgida en la segunda mitad del siglo XIX, ofrecía análisis y descripciones rigurosos y objetivos de sus personajes, lugares y situaciones, para dar así fe de cómo era las personas y la sociedad de la época.

Este movimiento literario guarda cierta relación con la psicología, porque para cumplir con su intención realista proporcionaba un análisis detallado de la psicología de los personajes de sus obras, algo por lo que era especialmente conocido Henri Beyle, hasta el punto de que él mismo, en su obra *Nápoles y Florencia: Un viaje de Milán a Reggio* ofreció la primera descripción del síndrome que llevaría el nombre de su alter ego, el síndrome de Stendhal.

El Síndrome de Stendhal

«Anteayer, bajando el Apenino para llegar a Florencia, mi corazón latía con fuerza, qué puerilidad. Los recuerdos se agolpaban en mi corazón, no me sentía en condiciones de razonar y me abandonaba a mi locura como a la vera de una mujer a la que se ama. La visita a la basílica de la Santa Croce exalta su ánimo, debe recuperarse para profundizar sus conocimientos, y se dirige, guiado por un monje, a ver los frescos de Volterrano. El me guía hasta allí y me deja solo. Sentado en la grada de un reclinatorio, con la cabeza apoyada en el púlpito, para poder mirar el techo, las Sibilas de Volterrano me han dado tal vez el placer más vivo que jamás me ha dado la pintura... Había llegado a ese punto de emoción donde se encuentran las sensaciones celestiales que dan las bellas artes y los sentimientos apasionados. Saliendo de la Santa Croce tenía fuertes latidos de corazón, lo que en Berlín llaman nervios: la vida se me había desvanecido, caminaba con temor de caer».

De esta forma tan realista y detallada describía Henri Beyle en su obra *Nápoles y Florencia: Un viaje de Milán a Reggio* parte de los síntomas que experimentó al visitar la Basílica de la Santa Cruz, en Florencia, en el año 1817 y que más de un siglo y medio después servirían para dar nombre al síndrome de Stendhal.

Este desorden psicológico se caracteriza por la presencia de una serie de síntomas físicos que algunas personas experimentan cuando se encuentran ante una obra de arte especialmente bella o ante un elevado número de obras artísticas.

Los síntomas físicos más característicos de este síndrome son un elevado ritmo cardíaco, temblores, palpitaciones en sienes o pecho, confusión espacio-temporal, alteraciones del estado de ánimo, mareos o vértigo, alucinaciones e incluso desmayos.

A raíz de la publicación del libro de Stendhal no fueron pocos los visitantes de la ciudad italiana que experimentaron síntomas muy parecidos cuando se encontraban expuestos a la belleza de las muchas obras de arte que abundan en la ciudad.

Más de un siglo después, en 1979, estos síntomas comenzaron a tenerse en cuenta como un trastorno psicológico gracias a la psiquiatra y psicoanalista italiana Graziella Magherini, directora del Departamento de Salud Mental de Florencia y del Servicio Psiquiátrico del Hospital de Santa María Nuova.

La doctora Magherini había comprobado repetidamente cómo multitud de turistas que se encontraban en su ciudad natal, Florencia, tras hallarse en presencia de algunas de las muchas obras de arte que se pueden visitar en la ciudad terminaban en su consulta presentando los síntomas que después ella describiría como propios de este síndrome.

En 1989, la psiquiatra italiana publicaría el libro *La Sindrome di Stendhal*, obra en la que relata un buen número de casos de turistas que había atendido con síntomas comunes tras visitar los museos y galerías de arte de la ciudad florentina. Debido a sus conocimientos de historia del arte, encontró similitudes entre los casos que atendía en su consulta y los que se dieron durante la época de Stendhal, lo que la llevó a bautizar el síndrome con el nombre del famoso escritor.

Entre los síntomas de los casos relatados en el libro de la doctora Magherini podemos encontrar descripciones de personas que abrumadas por la belleza de las obras artísticas tuvieron sensaciones que describían como «intensa agitación y depresión», «agotados, sin energías», «deshechos, sin posibilidad de hacer nada», «impresión de salir fuera de mí, de perderme, de disolverme», «un gran malestar» o «con la sensación de que algo se iba a disgregar en su interior».

El perfil más habitual de quienes que se ven afectados por este síndrome es el de una mujer de entre 26 y 40 años de edad, que está haciendo turismo y que procede de ciudades que no tienen patrimonio artístico.

El cambio de una ciudad sin estímulos artísticos a un lugar de conmovedora belleza artística, sumado a una personalidad caracterizada por una alta sensibilidad a la belleza y que lleva tiempo sin ser estimulada, produce los abrumadores síntomas que Stendhal primero, y con más detalle Graziella Magherini después, describieron para dar nombre al trastorno psicológico que sufren aquellos que se ven súbitamente sobreestimulados por la belleza del arte, hasta el punto de que traducen esa sobreestimulación en síntomas físicos.

Aclaraciones

Aunque este síndrome se encuentra íntimamente ligado a la ciudad de Florencia, ya que los casos que le dieron origen se documentaron allí, no se padece solo en la ciudad italiana. Puede darse también visitando cualquier otra ciudad de gran belleza o cuando se está en presencia de obras artísticas relevantes o conmovedoras localizadas en otro lugar del mundo, como las pinturas o esculturas propias de cualquier gran museo.

Curiosidades

Florencia fue la cuna del Renacimiento y hoy en día es considerada una de las capitales mundiales del arte y la arquitectura. En el año 1982 su centro histórico fue declarado Patrimonio de la Humanidad.

Entre sus obras artísticas más reconocidas destacan la Basílica de Santa Cruz, la Galería de la Academia (museo de la ciudad que alberga la mundialmente famosa escultura David, de Miguel Ángel) o el Museo del Palazzo Vecchio (museo en el que se pueden encontrar obras de los artistas Bronzino, Miguel Ángel y Giorgio Vasari, entre otros).

Debido a que fue descubierto en Florencia, este trastorno también es conocido como Síndrome de Florencia.

Ha existido cierta polémica alrededor de este síndrome, en el sentido de que algunos expertos e investigadores de la salud mental han querido ver en él una maniobra para promocionar el turismo en la ciudad de Florencia. Sin embargo, actualmente su existencia como desorden psicológico es generalmente aceptada entre los profesionales de la psicología y la psiquiatría.

Se ha rodado, por lo menos, una película sobre este síndrome. Titulada *La Sindrome di Stendhal* (en España, El arte de matar), se trata de una película italiana del año 1996, dirigida por Dario Argento. En la trama, una inspectora de policía encargada de investigar una serie de crímenes, en una visita a la Galería degli Uffizi (uno de los más famosos museos de Florencia) se ve abrumada por la belleza de las obras allí expuestas y padece este síndrome hasta el punto de que sufre un desmayo que le ocasiona que pierda la memoria.

A la serie de síntomas que dan nombre a un trastorno médico o psicológico se les llama *cuadro clínico*. Nunca como en este caso esta expresión ha resultado más acertada y demuestra hasta qué punto a veces la realidad tiene su propio y peculiar sentido del humor.

Clasificación diagnóstica

En el DSM-5, el Síndrome de Stendhal se pueden englobar dentro de lo que clínicamente se denominan Trastornos de Síntomas Somáticos, que se corresponden con aquellos trastornos que presentan una serie de síntomas físicos que no tienen una explicación médica, por lo que se deduce que su causa es psicológica. La mente traduce un estado de alteración y desorden en síntomas físicos, como pueden ser taquicardias, picores, mareos, vértigos o desvanecimientos.

El nombre de los trastornos somáticos proviene del vocablo griego *soma*, que significa «cuerpo». Normalmente la gente se suele referir a ellos y a sus síntomas como *psicosomáticos*.

En la CIE-10, el equivalente más aproximado de este desorden sería el Trastorno Somatomorfo Indiferenciado.

Referencias

Argento, D., Colombo, G. y Massi, W. (productores) & Argento, D. (director) (1996). *La Sindrome di Stendhal*. [Cinta cinematográfica]. Italia: Medusa Film, Cine 2000 (in collaboration with).

Beyle, H. (1970). *Obras completas*. Suiza: Ed. Aran.

Magherini, G. (1989*). La Sindrome di Stendhal*. Firenze: Ponte Alle Grazie.

FUENTES DOCUMENTALES

Cita di Firenze (2016). *Musei civici fiorentini*. Florencia: Comune di Firenze Recuperado de http://museicivicifiorentini.comune.fi.it/index.html

Comune di Firenze (2016). *Leggere per non dimenticare. Ciclo d'incontri a cura di Anna Bennedetti*. Recuperado de http://wwwext.comune.fi.it/leggerepernondimenticare/ bio 14/magherini14.htm

IMDb.com (2013). *Internet Movie Database*. Seattle: IMDb.com Inc. Consultado en http://www.imdb.com

Mangieri, R. (2008, junio). *Parálisis, trauma y crisis en la experiencia estética: el síndrome de Stendhal*. Tonos, Revista Electrónica De Estudios Filológicos, n° 15, Recuperado de https://www.um.es/tonosdigital/znum15/secciones/ estudios-20-Stendhal.htm

Navais Barranco, M. (2015). *El Síndrome de Stendhal o cuando tanta belleza se convierte en malestar*. Las Palmas de Gran Canaria: MiriamNavais.com. Recuperado de http://www.miriamnavais.com/articulos/224-el-sindrome-de-stendhal-o-cuando-tanta-belleza-se-convierte-en-malestar

Regader, B. (2016). *Síndrome de Stendhal: emociones extremas, mareos y desvanecimientos ante la belleza*. Barcelona: Psicología y Mente.net. Recuperado de https://psicologiaymente.net/ clinica/sindrome-de-stendhal-belleza

Viéitez Carrazoni, S. (2015). *Síndrome de Stendhal, cuando el placer por el arte ataca tu salud*. La MenteesMaravillosa.com, Mejor Contigo S.L. Recuperado de https://lamenteesmaravillosa. com/sindrome-de- stendhal

EL SÍNDROME DE MÜNCHHAUSEN: LOS FALSOS ENFERMOS

El Síndrome de Münchhausen es un trastorno psicológico por el cual la persona que lo padece finge síntomas físicos o psicológicos para engañar a los demás y aparecer ante ellos como un enfermo.

Esta conducta, que en cierta medida puede no resultar tan sorprendente, realmente adquiere esa dimensión cuando se sabe que una persona afectada por este síndrome puede llegar incluso a autolesionarse, provocándose voluntariamente daños físicos para poder asumir el papel de enfermo.

El comportamiento que provoca puede llegar a ser tan enfermizo y sorprendente que en el caso más famoso de una persona afectada por este síndrome, quien lo sufría llegó a conseguir ser ingresado en más de 100 hospitales distintos, a utilizar más de 20 identidades falsas para ser admitido en ellos e incluso llegó a ser operado en más de 400 ocasiones.

En este desorden psicológico no solo resulta sorprendente el comportamiento del falso enfermo, sino que también es muy llamativa la procedencia de su nombre, cuyo origen se remonta a un barón alemán que vivió en el siglo XVIII, conocido por lo exagerado de sus historias sobre su pasado militar, y que debido a sus imaginativas e inventadas hazañas terminó por convertirse en un famoso personaje de cuentos infantiles.

El barón de Münchhausen

Barón de Münchhausen es el título que ostentaba el alemán Karl Friedrich Hieronymus (1720-1797), quien sirvió en el ejército ruso durante las campañas militares que le enfrentaron al Imperio Otomano entre los años 1740 y 1741.

Una vez licenciado, el barón se trasladó a vivir a la localidad alemana de Bodenwerder, en donde llegó a adquirir gran notoriedad entre sus vecinos por las extraordinarias aventuras (llenas de adornos, exageraciones e invenciones) que contaba al relatar episodios que decía le habían ocurrido en sus tiempos como militar.

De tal calibre eran sus disparatadas exageraciones que entre las más sonadas destacaban aventuras como que había viajado montado sobre una bala de cañón, que había logrado escapar de unas arenas movedizas tirándose de su propio cabello (su coleta) o incluso que había viajado a la Luna.

Sus relatos y su propia persona cobraron tal notoriedad que llamaron la atención del escritor Rudolf Erich Raspe, que se basó en el barón y sus historias para escribir la obra *Relato que hace el Barón de Münchhausen de sus campañas y viajes maravillosos por Rusia*.

A raíz de la publicación del libro, el personaje que representaba al barón llegó a adquirir gran aceptación entre el público, de manera que en posteriores ediciones se fueron añadiendo más y más extravagantes aventuras. Una de estas ediciones, a cargo de Gottfried August Bürger y titulada *Las aventuras del barón de Münchhausen* haría la contribución definitiva a que la figura del barón de Münchhausen quedara para siempre asociada a las invenciones, las exageraciones y las mentiras, convirtiéndose desde entonces en un conocido personaje de cuentos infantiles por lo imaginativo, excéntrico y disparatado de sus historias.

El Síndrome de Münchhausen

El síndrome de Münchhausen consiste el fingimiento o falsificación de signos de enfermedad física o psicológica, pudiendo llegar la persona a provocarse lesiones a sí misma o inducirse por algún medio una enfermedad, por ejemplo al ingerir voluntariamente drogas o sustancias tóxicas.

La lesión o enfermedad autoinducida puede resultar de extrema gravedad, por lo que las personas con este síndrome corren un serio riesgo de poner en peligro real su salud e integridad física.

Tras este comportamiento de fingimiento o falsificación de una lesión o enfermedad se esconde la necesidad de asumir el papel de enfermo para llamar la atención de otras personas y recibir atenciones y cuidados.

Se puede decir que en este trastorno lo realmente enfermizo no es el fingimiento o la falsificación de una enfermedad (algo que de por sí ya lo es) sino la extrema necesidad de atención que tiene la persona, que supera incluso el sentido de autoconservación que todos los seres humanos tenemos.

A la hora de fingir las lesiones o enfermedades estas personas pueden, de la misma manera que hacía el barón que da nombre al síndrome, llegar a inventar o fabular historias totalmente fuera de la realidad, como relatar accidentes que no han ocurrido, falsificar pruebas médicas o, en el caso de enfermedades psicológicas como la depresión, llegar a inventarse la muerte de un familiar o allegado, para así falsificar la historia que habría originado su supuesta enfermedad mental.

Aclaraciones

Este tipo de trastorno se da en adultos, y suele comenzar tras haber estado ingresado en un hospital por alguna enfermedad o accidente real.

Tal vez sea en ese momento cuando la persona, con una necesidad exagerada de atención, se da cuenta de que estar enferma o lesionada es una manera muy efectiva de atraer la atención de los demás.

Es necesario decir que este trastorno causa un gran sufrimiento no solo en quien lo padece (ya que en su ansia por falsificar síntomas puede poner en riesgo su salud) sino también en las personas de las que atrae la atención y que se sienten responsables de su cuidado, tanto por la normal preocupación por el bienestar de su ser querido, como por la atención constante que demanda, con la interrupción del curso normal de sus vidas que eso supone.

El síndrome de Münchhausen se suele presentar en forma de *episodios* que se suceden en el tiempo, es decir, no se trata de un solo fingimiento continuado, sino que a lo largo de meses o años, de forma recurrente, la persona que lo padece va fingiendo y falsificando malestares, enfermedades y lesiones para llamar la atención y atraer los cuidados de otras personas.

Quienes sufren de síndrome de Münchhausen suelen tener un amplio historial médico, repleto de visitas a urgencias médicas, solicitudes de ingreso en hospitales e incluso discusiones con médicos y enfermeras, a los que agresivamente rebaten los diagnósticos y sus opiniones de que los síntomas (simulados) que presentan no se corresponden con ninguna enfermedad que realmente estén sufriendo.

No se debe confundir este trastorno con la hipocondría. Una persona hipocondríaca tiene una preocupación enfermiza y obsesiva que le lleva a interpretar cualquier síntoma o sensación que tenga como un posible aviso de que padece alguna enfermedad, pero no finge síntomas ni enfermedades.

Alguien con síndrome de Münchhausen sabe que no está enfermo y es consciente de que está fingiendo.

Curiosidades

Richard Asher (1912-1969), médico británico, fue el primero que denominó a este trastorno como síndrome de Münchhausen, en un artículo publicado en 1951 en la revista médica The Lancet.

Bautizado como tal ya en las primeras líneas del artículo, el doctor Lancet acuñaba el nombre del síndrome con este estilo tan literario:

«Aquí se describe un síndrome común, que la mayor parte de los médicos han visto, pero sobre el que se ha escrito muy poco. Como el famoso barón Münchhausen, las personas afectadas han viajado mucho; y sus historias, como las atribuidas al barón, son tan dramáticas como poco dignas de confianza. Por esto el síndrome está respetuosamente dedicado al barón, y nombrado así en su honor».

El que posiblemente sea el caso más famoso de síndrome de Münchhausen es el del inglés William McIlroy, que desde que fue diagnosticado con esta enfermedad no pasó más de seis meses sin estar hospitalizado. Fue operado más de 400 veces, estuvo en más de 100 hospitales y utilizó 22 nombres falsos para conseguir hacer creíbles sus imaginadas dolencias. En 1979 dio por superado este trastorno psicológico, diciendo que «estaba harto de tanto hospital».

Se estima que el 1% de los pacientes hospitalizados pueden simular enfermedades o exagerar los síntomas de enfermedades o lesiones que padezcan.

Existe una variante de este desorden psicológico llamada Síndrome de Münchhausen por Poder. En este caso la persona que lo padece no finge ninguna enfermedad, sino que se la provoca a otra persona cuyo cuidado está a su cargo.

Así, una madre puede inducir una enfermedad a un hijo haciéndole ingerir sustancias que le causen malestar, o un cuidador a cargo de una persona enferma puede agravar la enfermedad de esta última. Todas estas conductas se hacen para que otra persona dependa de los cuidados de quien padece esta variante del síndrome de Münchhausen, ya que así ve satisfecha su extrema necesidad de atención, al asegurarse de que hay una persona que depende de él o ella.

Paul Watzlawick, el reconocido psicólogo y escritor estadounidense, representante de la corriente llamada terapia sistémica, cuenta entre sus libros con uno titulado *La coleta del barón Münchhausen*.

El autor se basa en esta metáfora para enseñarnos que existen muchas manera de vivir, completamente distintas a las que la mayoría de las personas da por inamovibles. Tal vez en ocasiones, por muy disparatada que en un principio nos pueda parecer la idea, para cambiar nuestra vida cuando no estamos contentos con ella solo hace falta que, al igual que contaba el barón de Münchhausen en una de sus fantásticas historias, tiremos de nuestra propia coleta para sacarnos de las metafóricas arenas movedizas en las que hemos caído y que nos van absorbiendo casi sin que nos demos cuenta.

Al igual que las historias del famoso barón alemán, parece que el nombre de este síndrome cambia con el paso del tiempo, de manera que se lo puede encontrar escrito de diferentes formas, como Münchhausen, Munchhausen, Münchausen o Munchausen.

Clasificación diagnóstica

En la quinta edición del *Manual diagnóstico y estadístico de los trastornos mentales* este síndrome no aparece bajo ese nombre, sino que su clasificación clínica es Trastorno Facticio, y se engloba dentro de los llamados Trastornos de Síntomas Somáticos y Trastornos Relacionados.

De la misma manera que existe la variante del Síndrome de Münchhausen en el Síndrome de Münchhausen por poder, en el DSM se recoge también la variante clínica del Trastorno Facticio, que se denomina Trastorno Facticio Aplicado a Otro.

En la décima edición de la CIE, la clasificación clínica más aproximada para una persona que presente síntomas como los descritos para este trastorno sería Otros Trastornos de la Personalidad y del Comportamiento Adulto, con Producción Intencionada o Fingimiento de Síntomas o Invalidez Somática o Psicológica.

Referencias

Asher, R. (1951). *Munchausen's Syndrome*. The Lancet, 257 (6650): 339–41. doi:10.1016/S0140-6736(51)92313-6. PMID 14805062.

Bürger, G. A. (2008). *Las aventuras del barón de Münchhausen*. Madrid: Alianza Editorial.

Watzlawick, P. (2013). *La coleta del barón de Münchhausen*. Psicoterapia y realidad. Barcelona: Herder.

FUENTES DOCUMENTALES

Agirregabiria Agirre, M. (2005, 19 de enero). *Síndrome de Munchhausen*. Agirregabiria.net. Consultado el 15 de febrero de 2016 en http://www.agirregabiria.net/mikel/2005/munchhausen.htm

American Psychiatric Association (2001). *DSM-IV-TR. Manual diagnóstico y estadístico de los trastornos mentales*. Barcelona: Masson.

American Psychiatric Association (2014). *Manual diagnóstico y estadístico de los trastornos mentales: DSM-5*. Buenos Aires: Panamericana.

CP (2007, 14 de julio). *Síndrome de Münchhausen: obsesión por enfermarse y enfermar*. Bonn: Deutsche Welle, DW.com. Consultado en http://www.dw.com/es/s%C3%ADndrome-de-m%C3%BCnchhausen-obsesi%C3%B3n-por-enfermarse-y-enfermar/a-2682591

Maida, A.M., Molina, M.E., y Carrasco, X. (1999, mayo). *Síndrome de Munchausen-por-poder: un diagnóstico a considerar*. Rev. chil. pediatr. v.70 n.3. doi: 10.4067/S0370-41061999000300007

HIPERTIMESIA: LA VIDA EN UNA PELÍCULA

¿Recuerda qué fue lo último que comió? ¿Se acuerda de lo que hizo el último fin de semana? Supongo que si fuerza un poco su mente y se para a pensarlo durante unos instantes será capaz de acordarse.

Pero… ¿y si fuéramos un poco más lejos? ¿Puede recordar algo fuera de lo común que hiciera el mes de marzo del año pasado? Lo normal es que en este caso ya no sean muchas las personas que sean capaces de rememorar con detalle un acontecimiento concreto que tuviera lugar en ese mes, y si lo hicieran, su recuerdo estaría distorsionado y modificado por el paso del tiempo. Además, aunque parezca obvio y paradójico, al recordar no se darían cuenta de los detalles que hubieran olvidado.

Y cuánto más lejos en el tiempo retrocediéramos (hace cinco, quince, veinte años…) el número de personas que todavía podría recordar acontecimientos puntuales ocurridos hace tanto tiempo sería cada vez menos. Y si preguntáramos por una fecha exacta de hace tanto tiempo, ya nadie recordaría qué hizo, con quién estuvo, qué comió o cómo iba vestido en ese día. O casi nadie…

Para la inmensa mayoría de las personas, la vida es una película cuyo recuerdo se va difuminando a medida que se va viviendo y la película avanza. Pero hay algunas pocas, muy pocas, que pueden rebobinar a su antojo la película de su vida y recordar cada minuto que han vivido. Son los afectados por Hipertimesia o Síndrome Hipertiméstico.

Las personas hipertimésicas son capaces de recordarlo todo. Literalmente. Recuerdan cómo iban vestidas cada día de cada mes de cada año, recuerdan todas las conversaciones que han tenido y todas las caras que han visto, y son capaces de describir al detalle lugares o sitios que han visitado hace años. Al igual que si se tratara de una película que pueden rebobinar y detener en el momento qué quieran para examinarlo fotograma por fotograma, son capaces de recordar detalladamente toda su vida.

Hipertimesia

La hipertimesia (más propiamente llamada síndrome hipertiméstico y popularmente conocida como hipermnesia) es un trastorno psicológico, en concreto un trastorno de la memoria, que provoca que la persona con esta alteración mental sea capaz de recordar hasta el más mínimo detalle todos los acontecimientos ocurridos durante su vida.

Además de su exagerada capacidad para recuperar recuerdos, la segunda característica que define esta alteración psicológica es que las personas afectadas por este síndrome dedican mucho tiempo a pensar en el pasado, debido a los recuerdos que no pueden olvidar por mucho que lo intenten.

Las personas con hipertimesia no tienen una mayor capacidad para almacenar recuerdos, como alguien podría pensar. Lo que les sucede es que tienen aumentada la capacidad para recuperar los recuerdos del almacén de su memoria.

Para comprender un poco mejor esta última afirmación, y antes de que veamos más ampliamente qué es y cómo funciona la hipertimesia, primero debemos saber cómo funciona la memoria humana.

La ilimitada capacidad de la memoria

Todas las personas tenemos una memoria ilimitada, en el sentido de que nuestra memoria almacena todo lo que percibimos por los sentidos y a lo que le prestamos el mínimo de atención necesario para que ese momento o situación pueda ser memorizado.

Pero aunque todos almacenamos absolutamente todo lo que nos pasa, la mayoría de nosotros no somos capaces de recuperarlo. En realidad nadie olvida nada, sino que lo que se olvida es en qué parte de la memoria están almacenados los recuerdos. Olvidamos los caminos que nos llevan a ellos y es por eso que no somos capaces recuperarlos para recordarlos.

Sin embargo, como a cualquiera nos ha ocurrido en más de una ocasión, si nos encontramos con un estímulo que nos evoca un recuerdo almacenado pero del que no somos conscientes, de repente sí seremos capaces de acordarnos de un acontecimiento o situación que creíamos perdido, que dábamos por olvidado o en el que hacía años que no pensábamos.

Por ejemplo, encontrarnos con una persona que hace mucho tiempo que no vemos nos puede hacer evocar experiencias que vivimos con ella y que creíamos haber olvidado; leer algo o percibir un olor que estaba presente en una determinada situación puede ocasionar que encontremos el camino a algún recuerdo archivado; o incluso percibir algún estímulo que, aunque no sea igual a otro que sí estaba presente en una situación pasada, en nuestra mente comparta características comunes con él (como puede ser el caso de un color, las dimensiones de un lugar o algunas letras de una palabra), puede ser la pista que lleve a nuestro cerebro a desempolvar el recuerdo de algo ocurrido hace años (a veces esa pista no es suficiente y el recuerdo aparece solo de forma parcial, ocasionando el fenómeno conocido como *déjà vu*, que consiste en creer que se está experimentando una situación ya vivida).

Las personas hipertimésicas muestran una alteración positiva en la capacidad de recuperar sus recuerdos, en lo que se llama *capacidad de evocación*. Además, esta capacidad se limita exclusivamente a los acontecimientos sucedidos durante su vida, afectando a la conocida como *memoria autobiográfica*: recordarán detalladamente cada acontecimiento ocurrido cada minuto, cada hora, cada día de su vida desde edades muy tempranas, pero no serán capaces de recordar con más eficacia que usted o que yo, por ejemplo, un texto que se les pida que estudien durante cierto tiempo.

Los hipertimésicos recordarán situaciones y acontecimientos que les hayan ocurrido en el curso de su vida, es decir, que hayan experimentado y que por lo tanto puedan asociar con su biografía personal. Así, una persona hipermnésica podrá decirle rápidamente en qué día de la semana cayó cualquier día de cualquier mes de un determinado año y todo lo que hizo durante ese día, pero solo si ese día corresponde a un día de su vida, porque así podrá asociarlo con un acontecimiento que ha experimentado, que ha vivido personalmente, por menor que sea (con qué ropa se vistió, qué comió o con quién habló). Sin embargo, no podrá decirle qué día de la semana era el 25 de mayo de 1532, o no podrá relatar con mayor detalle que usted un texto en el que se cuente cómo ocurrió la Revolución Francesa. Es por este motivo que se dice de las personas hipertimésicas que muestra una capacidad superior de memoria autobiográfica.

Casos de hipertimesia

La hipertimesia no es un trastorno que se dé con frecuencia, y no es algo que a uno le pueda suceder de un día para otro o que se pueda aprender. Es algo con lo que se nace, su causa es genética y se empieza a manifestar a partir de una edad relativamente temprana, por lo que una persona será hipertimésica por causa de las especiales características de su cerebro.

El primer caso conocido de este síndrome fue publicado en la revista Neurocase en febrero del año 2006, en un artículo titulado *A case of unusual autobiographical remembering* (Un caso de memoria autobiográfica inusual).

En el citado artículo se describía un estudio realizado por Elizabeth Parker, Larry Cahill y James McGaugh, investigadores de la Universidad de California- Irvine, y en él se relataba el caso de una mujer a la que llamaban A.J. Esta mujer tenía una memoria «que no paraba, incontrolable y automática». Los investigadores decían de ella que «la memoria dominaba su vida», hasta el punto de que si se le daba una fecha cualquiera dentro del tiempo de su vida «era capaz de recordar lo que estaba haciendo y en qué día de la semana cayó ese día».

El que tal vez sea el otro caso de hipertimesia más famoso es el de Brad Williams. Este estadounidense ha sido apodado «Google Man» (el hombre Google) o «The Memory Man» (El hombre memoria) por su extraordinaria capacidad para recordar hasta el más mínimo detalle los acontecimientos experimentados en cualquier día de su vida. Si se le da una fecha cualquiera que caiga dentro de los años de su vida es capaz de recordar incluso el tiempo que hacía ese día.

Son muy pocos los casos de hipertimesia conocidos hasta el día de hoy. Han sido estudiados y dados como auténticos en torno a seis casos desde que en 2006 se diera a conocer este síndrome.

Aclaraciones

Tal vez haya quien piense, y no sin razón, que un hipertimésico debería también poder reproducir al detalle un texto que haya estudiado, ya que al fin y al cabo si lo ha estudiado lo ha experimentado, y de alguna manera forma parte de su experiencia de vida. Esto no es así.

El proceso de memorizar es muy complejo. Simplificando mucho, se puede decir que depende de las asociaciones que seamos capaces de realizar entre los estímulos que percibimos y las cosas que ya conocemos. Es decir, memorizamos algo más rápida y eficazmente si somos capaces de darle un significado, porque al darle significado dejamos mucho más claro el camino que dentro de nuestra memoria llevará al lugar en donde lo almacenaremos.

Por ejemplo, memorizaremos rápidamente y seremos capaces de recordar con facilidad la fecha de nacimiento de alguien famoso si nació el mismo día que nosotros o en una fecha que guarda algún significado especial para nosotros. O memorizaremos y recordaremos después algo con más facilidad si tuvo una especial trascendencia personal, como el día en que nos pasó algo que nos emocionó o afectó, tanto negativa como positivamente.

En los recuerdos que se hayan memorizado otorgándole un significado no solo se podrá recordar el acontecimiento en sí mismo, sino las circunstancias que lo rodearon: en dónde ocurrió, con quién estábamos, qué día era, qué año, e incluso detalles como la ropa que llevaban las personas con las que estábamos ese día, cómo era el lugar en donde estábamos, el tiempo que hacía o si era de día o de noche, entre muchos otros detalles posibles. Y evocaremos todos esos detalles sin habernos propuesto memorizarlos en el momento en que la situación ocurrió, y sin tener que realizar después un gran esfuerzo mental en el presente para recordarlos. Todo porque ese acontecimiento tuvo gran significado para nosotros.

Los hipertimésicos recuerdan de forma exagerada porque involuntariamente, debido a su alterada psicología, dotan de significado cada acontecimiento de su vida, por pequeño e intrascendente que sea: recuerdan todo lo que sucedió en un determinado día porque lo asocian con ellos mismos, dotándolo así de significado y siendo por lo tanto capaces de evocarlo mejor, de traerlo más adelante a la consciencia sin necesidad de realizar ningún tipo de esfuerzo.

Este es un proceso que no hacen de forma voluntaria, así que al leer o estudiar un texto, como no experimentan las sensaciones y emociones que sí sienten mientras ellos son los protagonistas de lo que les pasa, no serán más eficaces al memorizarlo y recordarlo de lo que seríamos los demás.

Curiosidades

En el artículo de la revista Neurocase en la que se describía el primer estudio realizado con una persona afectada por este síndrome, fue también en donde se le dio nombre. Los autores propusieron para este trastorno el nombre de síndrome hipertiméstico (hyperthymestic syndrome), basándose, como no, en una palabra griega. En este caso se trata de *timesia*, que significa «recuerdo», y el prefijo *hiper*, que significa «exceso», «muy grande».

Las personas con esta alteración de la memoria se caracterizan no solo por su mayor capacidad de evocación, sino también por dedicar mucho tiempo a pensar en las situaciones que no pueden olvidar. Es por esto que siendo fieles al nombre propuesto por sus descubridores, lo más correcto sería referirse a este trastorno siempre como hipertimesia, «exceso de recuerdo», ya que el término que habitualmente se usa para referirse a él, *hipermnesia*, hace referencia a un «exceso de memoria» y deja de lado esa característica esencial de las personas con este síndrome, que dedican mucho tiempo a recordar acontecimientos pasados.

Stan Lee, el famoso dibujante, creador y editor de comics norteamericano, entre cuyas creaciones se encuentran Spiderman, Hulk, Los 4 Fantásticos, Thor o Los Vengadores, ha sido también director de la serie *Stan Lee's Superhumans* (Los superhumanos de Stan Lee).

En este programa de televisión, Stan Lee buscaba y contaba casos de personas que muestran capacidades humanas que van más allá de lo normal, como el caso de una persona que tiene una extraordinaria flexibilidad corporal, el del hombre con una anormal resistencia para soportar el dolor o la historia de alguien dotado con una increíble capacidad para aguantar la respiración. El hipertimésico Brad «Google Man» Williams fue protagonista de uno de estos programas de superhumanos, debido su inusitada capacidad para recordar hasta el más mínimo detalle de cualquier acontecimiento ocurrido durante su vida.

A.J., la mujer protagonista del artículo en el que se dio a conocer el síndrome hipertiméstico, desveló su identidad unos años más tarde al publicar el libro titulado *The Woman Who Can't Forget: The Extraordinary Story of Living with the Most Remarkable Memory Known to Science* (La mujer que no podía olvidar: la extraordinaria historia de vivir con la memoria más notable conocida por la ciencia). Su nombre es Jill Price y se trata de la primera persona en el mundo diagnosticada con síndrome hipertiméstico.

A.J. comenzó a darse cuenta de que su capacidad para recordar era diferente a la de los demás a partir de los ocho años de edad. Desde entonces su capacidad para evocar recuerdos ha ido en aumento, y cree poder recordar cualquier detalle ocurrido en cualquier día de su vida desde que cumpliera los catorce años.

Tras revelar su identidad y durante su primera entrevista concedida en televisión, dijo sobre su aumentada capacidad de recuerdo: «Siempre le explico a la gente que es como si fuera andando por ahí con una cámara de video en uno de mis hombros. Y cada día es una grabación. Así que si me dices un día cualquiera, es como si buscara la grabación de ese día, la pusiera en un reproductor y simplemente mirara ese día. Así es cómo funciona».

La actriz estadounidense Marilu Henner, popularmente conocida por su participación en la serie de televisión Taxi, y que cuenta con múltiples apariciones en otras serie de renombre como *Anatomía de Grey*, reconoció en una entrevista concedida en diciembre de 2010 al programa de televisión *60 minutes*, de la cadena americana CBS, que era hipertimésica.

El proceso de olvido de la mente humana tiene cierta utilidad adaptativa. Olvidar acontecimientos pasados ayuda a asimilar situaciones dolorosas y poder seguir viviendo con relativa normalidad, sin vernos atormentados por recuerdos del pasado. Aunque creamos seguir manteniendo recuerdos en nuestra mente (por ejemplo, de personas que ya no están en nuestra vida) con el paso del tiempo esos recuerdos se difuminan, se olvidan detalles y por lo tanto los sentimientos asociados a ellos se matizan y se hacen más llevaderos.

Las personas con hipertimesia no olvidan los detalles y constantemente piensan en acontecimientos pasados que pueden recordar con diáfana claridad. Por esto, a pesar de que algunos puedan pensar que la hipertimesia es positiva, es un trastorno que puede causar importantes alteraciones y sufrimiento en la vida de quienes la padecen.

Clasificación diagnóstica

El síndrome hipertiméstico no viene registrado como tal en los manuales de clasificación diagnóstica, lo cual es normal debido a los pocos casos que se han reportado hasta el momento.

Tal vez, y estirando mucho las posibilidades de cada manual, en el DSM-5 se pudiera incluir en la categoría de Trastorno Neurocognitivo no especificado. Realmente los trastornos neurocognitivos son aquellos en los que las capacidades de aprendizaje, memoria y/o percepción se ven mermadas o alteradas negativamente, es decir, deterioradas, como puede ser el caso de las demencias, delirios o Alzheimer, por lo que utilizar esta categoría diagnóstica para la hipertimesia es algo que siempre deberá decidir un profesional, aportando las oportunas aclaraciones.

En la CIE 10, y también estirando al máximo sus posibilidades, tal vez pudiera enmarcarse no como un trastorno, sino como aquellas alteraciones que se califican como un conjunto de síntomas sin llegar a considerarse trastorno. La categoría más aproximada sería entonces Síntomas de Enfermedades que afectan al Comportamiento y al Conocimiento, con Otros Síntomas y Signos que involucran la Función Cognoscitiva y la Conciencia.

Referencias

Fager, J. (productor) (2010, 16 de diciembre). *The gift of endless memory*. [Documental]. New York: 60 minutes, CBS News. Recuperado de http://www.cbsnews.com/news/the-gift-of-endless-memory

Gray, K. y Escherich, K. (2008, 9 de mayo). *Woman Who Can't Forget Amazes Doctors*. New York: ABC News. Recuperado de http://abcnews.go.com/Health/story?id=4813052&page=1

Parker, E.S., Cahill, L. y McGaugh, J.L. (2006*). A case of unusual autobiographical remembering*. Neurocase 12 (1): 35–49. doi: 10.1080/1355479050047368

Price, J. y Davis, B. (2008). *The Woman Who Can't Forget: The Extraordinary Story of Living with the Most Remarkable Memory Known to Science—A Memoir*. New York: Free Press.

Zikking , A., Bean, A., Nordlander, C., Ritchie, C., Verhoff, J. y varios (productores) (2010-2014). *Stan Lee's Superhumans*. [Serie de televisión]. USA: A&E Television Networks, LLC. Recuperado de http://www.history.com/shows/stan-lees-superhumans

FUENTES DOCUMENTALES

ABC News (2008, 15 de enero). *Amazing Memory Man Brain Being Tested By Scientists.* New York: ABC News. Consultado en http://abcnews.go.com/GMA/OnCall/story?id=4135634&page=1

Channel 4 (2012, 25 de septiembre). *The Boy Who Can't Forget.* London: Channel Four Television Corporation. Consultado en http://www.channel4.com/programmes/the-boy-who-cant-forget?gcc=true&floodlightEnabled=true

IMDb.com (2016). *Marilu Henner.* Seattle: IMDb.com Inc. Consultado el 17 de marzo de 2016 en http://www.imdb.com/name/nm0000447

López, A. (2011, 29 de marzo). *Hipermnesia, el maldito don de recordar hasta el más mínimo detalle de tu vida.* Madrid: 20 Minutos Editora, S.L. Consultado en http://blogs.20minutos.es/yaestaellistoquetodolosabe/hipermnesia-el-maldito-don-de-recordar-hasta-el-mas-minimo-detalle-de-tu-vida

Marcus, G. (2009, 23 de marzo). *Total Recall: The Woman Who Can't Forget.* Boone, Iowa: Wired. Consultado en http://www.wired.com/2009/03/ff-perfectmemory

StGeorge, R. (2016). *Brad Williams –"The Human Google"– Superhuman 43.* [Blog post]. Sapien Plus. Consultado el 17 de marzo de 2016 en http://www.sapienplus.com/brad-williams-human-google-superhuman-43

FOLIE À DEUX: LA LOCURA QUE SE CONTAGIA

La Folie à Deux, o Trastorno Psicótico Compartido, es un desorden psicológico en el que dos personas comparten la misma idea o creencia enfermiza y equivocada sobre algo. Esta «locura compartida», como inicialmente se llamó a este trastorno, se produce debido a la estrecha relación que existe entre ambas personas y a su aislamiento respecto a su entorno.

Hasta tal punto puede llegar esa unión en la enfermedad mental, que en casos extremos las dos personas afectadas por este desorden psicológico incluso han llegado a intentar suicidarse conjuntamente o a planificar un asesinato.

Para algunos investigadores este trastorno es la demostración de que la «locura» se puede contagiar, casi de la misma manera que si se tratara de una enfermedad física. En el caso de la folie à deux, concretamente lo que se contagia son los delirios.

Delirios

Los delirios son el principal síntoma que comparten las personas que sufren folie à deux.

Un delirio es una creencia enfermiza y equivocada sobre una cuestión o situación, creencia que la persona mantendrá obstinadamente aún a pesar de todas las evidencias en contra que se le puedan presentar.

Un delirio puede ser de distintos tipos. Por citar algunos están los *delirios persecutorios*, que consisten en la creencia de que se está siendo seguido, perseguido, observado o acosado por alguien que tiene la intención de causar algún mal; los *delirios de grandeza*, por los que la persona se considera dotada con alguna capacidad o habilidad extraordinaria o protagonista de un destino único y especial; los *delirios erotomaníacos*, que se dan cuando alguien cree erróneamente que otra persona está perdidamente enamorada de él o ella; los *delirios referenciales*, que se tratan de que una persona piensa que el mundo u otras personas le envían señales personales privadas, a través de canales extraños como pueden ser noticias en prensa o televisión, casualidades o gestos de otras personas; o los *delirios somáticos*, que consisten en malinterpretar sensaciones corporales pensando que son síntomas de enfermedades o anomalías físicas.

Folie à deux

Folie à deux es una expresión francesa que literalmente significa «locura de dos». Este trastorno fue descrito por primera vez en 1860 por el neurólogo y psiquiatra francés Jules Baillarger, que lo denominó Síndrome Folie à Communiqué.

Unos años más tarde, en 1877, los también psiquiatras franceses Ernest-Charles Lasègue (1809- 1883) y Jean-Pierre Falret (1794-1870), profundizaron en este desorden y lo describieron en un artículo publicado en la revista Annales Médico-Psychologiques, que se titulaba *La folie à deux ou folie communiquée* (La locura a dos o locura contagiada), acuñando así el nombre por el que se conocería desde entonces.

En su artículo los autores defendían, causando no poca polémica, que la por entonces llamada «locura» (concretamente los delirios) puede ser contagiada de una persona a otra si se dan tres de las siguientes condiciones: 1) que entre ambas personas exista una estrecha relación (como por ejemplo una relación de pareja o de parentesco) en la que una persona domine a la otra; 2) que ambas personas convivan bastante aisladas de su entorno; y 3) que las ideas delirantes tengan ciertos límites (por ejemplo, entre dos personas se podría contagiar el delirio de que alguien quiere hacerles daño pero no el de que las paredes son de un color del que realmente no son).

Tal y como decían Lasègue y Falret en su artículo, entre las dos personas que padecen folie à deux normalmente existe una relación de pareja, de parentesco (padres e hijos o hermanos) o de profunda e íntima amistad.

Esta relación suele tener una naturaleza asimétrica, de manera que una persona ejerce cierta clase de dominio sobre la otra, propiciando que la persona más dominante induzca los delirios en la otra persona, llegando así a convencerla o influirla de tal modo que esta última termine por dar como verdadera una idea delirante.

Sin embargo, en otras ocasiones son las dos personas las que a base de interactuar una con la otra en su particular y aislado grupo de dos, van retroalimentándose y construyendo entre ambas una creencia falsa que aceptan como cierta y que constituye el delirio que compartirán.

Entre las dos formarán un reducido grupo, cerrado para cualquier otra persona, aislándose de todo y de todos, creando el perfecto caldo de cultivo para que una sensación, idea o creencia se magnifique y, al no ser enfrentada o rebatida por la realidad o por otras personas, acabe por transformarse en el delirio que compartan.

Aclaraciones

No se debe confundir un delirio con una opinión o una creencia, por muy equivocada que a otros les pueda parecer. Se puede decir que para que una idea o pensamiento sea considerada como un delirio, esta debe suponer una malinterpretación de la realidad tan clara que sea evidente que no es cierta y que no sea compartida por el resto del entorno.

Además, un delirio debe tener un carácter enfermizo, provocando que la persona que lo padece sufra una serie de alteraciones en su comportamiento que supongan un deterioro en los normales ámbitos que conforman su vida, como el laboral, el social, el familiar o el personal.

Debemos siempre tener en cuenta que un delirio, como cualquier otra alteración psicológica, debe ser siempre diagnosticado por un profesional.

Curiosidades

En mayo de 2008 un caso de aparente folie à deux impactó a la opinión pública mundial, cuando los medios de comunicación relataron en riguroso directo como Úrsula y Sabina Eriksson, dos hermanas gemelas suizas, se internaron en la M6 (la autopista más transitada del Reino Unido) con la intención de cometer suicidio si lograban ser arrolladas por alguno de los muchos coches que circulaban en ese momento por la autopista.

Su trágico intento dio parciales resultados, resultando Úrsula atropellada por un camión que le produjo rotura de ambas piernas, mientras que Sabina fue golpeada por un coche.

Tras el atropello, ambas fueron atendidas por un equipo médico. En ese momento, y mientras las cámaras de la televisión pública británica entrevistaban a uno de los policías que había acudido a hacerse cargo de la situación, Sabina, que había estado varios minutos inconsciente a causa del atropello, se levantó y volvió a lanzarse de nuevo hacia los atestados carriles de la M6, en donde fue arrollada una segunda vez por otro vehículo.

Pero este dramático episodio no terminaba aquí. Las dos hermanas sobrevivieron a los atropellos. Úrsula permaneció varias semanas hospitalizada debido a sus heridas, pero Sabina fue dada de alta solo dos días después. Un día más tarde acuchillaba a un hombre de 54 años en la localidad inglesa de Fenton.

Tras ser juzgada en el año 2009 bajo la acusación de asesinato, Sabina Eriksson fue sentenciada a cinco años de cárcel. El tribunal, dirigiéndose a los familiares del hombre asesinado, dijo que el nivel de culpabilidad de Sabina por lo actos cometidos era bajo, debido a que sufría una enfermedad mental que le hacía víctima de delirios que dictaban su comportamiento, y que era poco lo que ella podía haber hecho para evitar los comportamientos que acabaron con la trágica muerte de Glenn Hollinshead, el vecino de Fenton fatalmente agredido por Sabina.

La película *Heavenly Creatures*, dirigida por Peter Jackson, narra un caso real ocurrido en Nueva Zelanda en 1954, en el que dos adolescentes desarrollaron una serie de fantasías y delirios compartidos que terminaron ocasionando que cometieran el asesinato de la madre de una de ellas.

El trastorno de folie à deux es conocido también por otros nombres. Entre los sinónimos que se utilizan para hacer referencia a él están delirio compartido o inducido, psicosis compartida o trastorno de ideas delirantes.

Aunque como su nombre indica la folie à deux se da entre dos personas, la realidad es que una idea delirante puede ser compartida por más de dos individuos. Se han registrado casos de trastorno psicótico compartido entre tres, cuatro o más personas, incluso familias enteras. En todos estos casos se cumplían las características de relaciones cerradas en las que un individuo ejercía dominación e influencia sobre los otros, y que el grupo vivía aislado de su entorno. Según el número de personas que compartan los delirios se suele hablar de folie à trois, folie à quatre, o, para el caso de una familia, folie à famille.

Como empieza a ser ya una constante, entre las curiosidades podemos encontrar una que enlaza un desorden psicológico con el mundo de la música. Así, podemos encontrar un grupo musical que cuenta entre sus álbumes con uno titulado con el nombre de este trastorno: se trata de la banda estadounidense Fall Out Boy, y *Folie à Deux* es el nombre de su cuarto disco, publicado en el año 2008. El estilo de esta banda ha sido descrito como perteneciente a los géneros pop rock, pop punk o emo.

Clasificación diagnóstica

La folie à deux no se encuentra recogida bajo ese nombre en ninguno de los manuales diagnósticos, si bien en anteriores ediciones del DSM sí lo ha estado. Actualmente se la puede clasificar como un Trastorno Delirante, un tipo de trastorno incluido tanto en el DSM-5 como en la CIE-10.

Referencias

Booth, J., Bourke, B., Huth, H. y Jackson, P. (productores) & Peter Jackson (director) (1994). *Heavenly Creatures*. [Cinta cinematográfica]. Nueva Zelanda: WingNut Films, New Zealand Film Commission (in association with) y Fontana Productions.

Cara, H., Paterson, C. y Holden, M. (productores) (2010, 10 de agosto). *Madness in the Fast Lane*. [Documental]. London: BBC. Consultado en http://www.bbc.co.uk/programmes/b00tf1r4

Fall Out Boy (2016*). Fall Out Boy*. Chicago, Illinois: Fall Out Boy. Consultado en http://falloutboy.com

Lasègue, C. y Falret, J. (1877). *La folie à deux ou folie communiquée*. Annales Médico-Psychologiques, 18: 321-355.

FUENTES DOCUMENTALES

Ambrose, N. G. & Yairi, E. (2002). *The Tudor Study: Data and Ethics*. American Journal of Speech-Language Pathology. Vol 11, pp. 190–203. doi: 10.1044/1058-0360(2002/018)

Armando Corbin, A. (2016). *Folie à Deux (locura compartida): los casos más extraños*. Barcelona: Psicología y Mente. Consultado en https://psicologiaymente.net/clinica/folie-a-deux-locura-compartida

Cubero, P. (2011). *Folie à deux y contagio*. Madrid: Pedro Cubero, El grupo paranoide. Recuperado el 18 de marzo de 2016 en http://elgrupoparanoide.com/pdf/3%20Folie%20a%20deux%20y%20contagio.pdf

Srivastava, A. y Borkar, H. A. (2010). *Folie à famille*. Indian J Psychiatry. Jan-Mar; Vol 52(1): 69–70. doi: 10.4103/0019-5545.58899

Suresh Kumar, P.N., Subramanyam, N., Thomas, B., Abraham, A. y Kumar, K. (2005). *Folie à deux*. Indian J Psychiatry. Vol 47(3): 164–166. doi: 10.4103/0019-5545.55942

Whonamedit.com (2016). *Lasègue-Falret syndrome*. Noruega: Ole Daniel Enersen. Consultado el 22 de marzo de 2016 en http://www.whonamedit.com/synd.cfm/2471.html

TRASTORNOS DEL SUEÑO: LA MENTE QUE NO DESCANSA

Se calcula que una persona que alcance los 78 años de edad habrá pasado aproximadamente unos 25 años de su vida durmiendo.

A la vista de este dato, es fácil darse cuenta de que si existen trastornos mentales durante de la vigilia (el tiempo en que estamos despiertos), también deberán existir desórdenes psicológicos durante el tiempo en que estamos dormidos, ya que este tiempo constituye casi una tercera parte del total de nuestra vida.

Y efectivamente es así. Existen trastornos psicológicos propios de nuestro tiempo de descanso. A este tipo de desórdenes, que se dan cuando estamos durmiendo, se les conoce como Trastornos del Sueño.

¿Por qué necesitamos dormir?

La inmensa mayoría de los seres vivos tiene un ciclo biológico en el que se alternan períodos de actividad con períodos de descanso más o menos largos, durante los cuales el organismo reduce su actividad.

Normalmente estos ciclos de descanso se corresponden con las horas de oscuridad, propias de la noche. Se cree que la función de estos períodos es permitir que el organismo optimice su energía, reservándola para cuando más luz, tiempo durante el cual es mucho más fácil realizar las actividades necesarias para mantenerse con vida, como encontrar alimento, evitar peligros, buscar y acondicionar un refugio, desplazarse, etc.

Los seres humanos no somos una excepción en esta ley natural, por lo que también necesitamos reducir nuestra actividad para conservar nuestra energía. Esto lo hacemos durmiendo.

Aunque pueda parecer extraño, todavía no se conocen con exactitud todos los motivos por los que los seres vivos necesitamos dormir. Se acepta generalmente que es para conservar energía, para que nuestro sistema inmunitario se refuerce, para establecer en nuestro cerebro conexiones neuronales que posibiliten el aprendizaje de lo experimentado durante el día y para facilitar el funcionamiento del metabolismo.

Las personas vivimos el tiempo de sueño como una actividad pasiva. Nos echamos a dormir y para la parte consciente de nuestra mente es como si se produjera una especie de desconexión, de la que despertaremos unas horas más tarde, tal vez con el vago recuerdo de haber tenido algún sueño relativamente confuso y desordenado. Pero si bien a nivel consciente sí se produce esta desconexión, a nivel subconsciente y físico el tiempo de dormir está muy lejos de ser un período pasivo, en el que nuestro cuerpo se limita a funciones automáticas y nuestro cerebro a caer en un estado latente de somnolencia.

La realidad es que mientras dormimos nuestro cerebro sigue activo, ejerciendo control sobre nuestro cuerpo y sobre cualquier cosa que soñemos. De hecho, se puede decir que no dormimos, sino que es nuestro cerebro quien nos duerme, ya se encarga de ir desconectando progresivamente nuestra parte consciente y manteniendo actividad cerebral y física, a medida que nos va llevando por las diferentes fases del sueño.

Durante las horas de sueño, nuestro cerebro pasa por dos grandes fases, la NREM (o NO REM) y la REM. Estas siglas provienen del inglés y hacen referencia al movimiento de los ojos, Non Rapid Eyes Movement y Rapid Eyes Movement respectivamente, ya que cada fase se distingue por la ausencia o presencia de movimiento de los ojos bajo los párpados.

La fase NREM es la primera fase del sueño. Se la conoce como *fase de sueño lento* porque durante ella pasamos por varias etapas en las que se va ralentizando la actividad física y la respiración, para ir entrando paulatinamente en un sueño profundo.

La segunda fase del sueño es la que se llama fase REM o *fase de sueño paradójico*. Se caracteriza por una actividad cerebral semejante a la de la vigilia y es en la que se produce cualquier tipo de sueño.

Durante ocho horas durmiendo, una persona alternará cíclicamente estas dos etapas. De forma aproximada, la primera fase ocupará en torno al 75% de todo el tiempo de sueño, mientras que la fase REM abarcará el 25% restante.

Así que habiendo tanta actividad cerebral durante el sueño, y necesitando para dormir unas siete u ocho horas diarias, es normal que a veces no vaya todo del todo bien, y que hagan su aparición trastornos psicológicos que afectan a nuestro tiempo de descanso.

Los más sorprendentes trastornos del sueño

Cuando se habla de trastornos del sueño, todo el mundo piensa rápidamente en el insomnio, el sonambulismo o incluso la somniloquia (hablar en sueños). Pero además de estos, hay otros que aunque son menos conocidos, estoy seguro de que le resultarán sumamente llamativos y sorprendentes. Son los que veremos a continuación.

Síndrome de Kleine-Levin

El síndrome de Kleine-Levin es también conocido como la enfermedad de la Bella Durmiente, y, como sin duda este segundo nombre habrá hecho suponer a más de un lector, consiste en una necesidad excesiva de sueño.

La persona afectada por este tipo de trastorno necesita dormir mucho más tiempo de lo normal, llegando incluso a necesitar hasta dieciocho o veinte horas de sueño al día. Estos períodos prolongados de sueño se suelen dar en forma de crisis, que se producen en episodios de 10 o 13 días de duración, durante los que la persona experimenta esa excesiva necesidad de sueño. Una vez que se ha tenido una crisis, se puede llegar a estar varios meses sin sufrir otra.

Además de la excesiva necesidad de sueño, este desorden presenta una serie de síntomas adicionales que se dan en las horas en las que la persona está despierta, como comer compulsivamente y en grandes cantidades, sentir un elevado deseo sexual, tener desorientación temporal o estar afectado por apatía, irritabilidad, agresividad, fallos de memoria e incluso alucinaciones.

Son relativamente pocos los casos de síndrome de Kleine-Levin que se conocen, y se cree que es un trastorno de tipo neurológico, causado por un mal funcionamiento cerebral.

Curiosamente, a pesar de que se le llama síndrome de la Bella Durmiente afecta más a hombres que a mujeres, en una proporción estimada de cuatro hombres afectados por cada mujer que lo padece. La edad en la que con más frecuencia aparece por primera vez es durante la adolescencia, aunque se puede dar en cualquier edad de la vida.

Trastorno de Pesadillas

El trastorno de pesadillas es un tipo de trastorno del sueño por el que la persona sufre de forma repetida una serie de pesadillas que le causan un gran impacto emocional. Este malestar psicológico se mantiene aún después de haberse despertado, causándole una gran preocupación, miedo y emociones negativas.

Las pesadillas propias de este trastorno se caracterizan por ser sueños largos y elaborados, que después se relatan casi como una historia. En ellos normalmente la persona debe huir de algún tipo de amenaza que le causa un miedo extremo, como puede ser el caso de un peligro contra su vida o seguridad física.

Al contrario que los sueños normales que cualquiera de nosotros puede tener, estas pesadillas suelen ser muy vívidas y detalladas, lo que provoca que incluso después de transcurrido mucho tiempo tras haberse despertado se sigan recordando con enorme nitidez y claridad, causando que se piense en ellas repetidamente y aumente así la preocupación cuando se vuelven a soñar otra vez.

Estos sueños atemorizadores son recurrentes, es decir, se producen de forma repetitiva, a lo largo de varios días, semanas e incluso meses, de manera que acaban por tener una repercusión negativa sobre la vida diaria de la persona, debido al miedo y a la honda preocupación que le producen. El daño psicológico puede llegar a ser tal que termine por afectar a la vida personal, laboral y social del individuo.

Cuando se sueñan estas pesadillas, el cuerpo se ve afectado, manifestando sudoración, taquicardia y respiración alterada, síntomas que contribuyen a reforzar el negativo estado de ánimo inducido por la pesadilla y a anular el efecto reparador del sueño sobre el cuerpo.

A pesar de que es normal asociar este tipo de trastorno con las típicas pesadillas propias de los niños o alguna que pueda tener un adulto, no se debe caer en ese error. Las pesadillas propias de este trastorno son mucho más que un mal sueño que se tiene de forma puntual y que se suele recordar de manera confusa y olvidar en muy poco tiempo. Como hemos visto ya, son sueños muy vívidos y detallados, que se recuerdan claramente aun tiempo después de haberse despertado.

Además, estas pesadillas provocan un despertar completo y un estado de ánimo agitado, al contrario que una pesadilla puntual que puede provocar un despertar ligero y desorientado.

Existe un trastorno del sueño de características muy similares y que suele ser más conocido. Se trata de los Terrores Nocturnos. A pesar de que es fácil confundirlos, las dos principales diferencias entre ambos son la fase del sueño en la que se producen y el detalle con el que se sueñan.

Las pesadillas ocurren en la segunda fase del sueño, la fase REM, mientras que los terrores nocturnos se dan en la primera fase, la NREM, y son mucho más vívidas, prolongadas, elaboradas y detalladas que los sueños propios de los terrores nocturnos.

Cuando las pesadillas aparecen en forma de este trastorno, puede ser para quedarse mucho tiempo. Si bien pueden hacer su aparición durante la infancia, pueden prolongarse hasta bien entrada la edad adulta.

Haber tenido que hacer frente a situaciones adversas o traumáticas, romper el ciclo normal de vigilia-sueño, estar sometido a circunstancias estresantes o cierta predisposición genética suelen ser los factores que contribuyen a la aparición del trastorno por pesadillas.

Se ha comprobado que las personas que sufren de este trastorno tienen una mayor tendencia al suicidio.

Sexomnia

Todos conocemos el sonambulismo. Es un trastorno del sueño en el que la persona se levanta de la cama (o del lugar en donde esté durmiendo) y camina e incluso realiza alguna actividad compleja, como coger cosas o cambiarlas de sitio. Durante un episodio de sonambulismo, el sonámbulo tiene la mirada fija en el frente, no reacciona ante los intentos de los demás por llamar su atención y es muy difícil despertarle. Al día siguiente, no recordará absolutamente nada de lo ocurrido durante su pequeña aventura nocturna.

Pues bien, además de este tipo de sonambulismo, ampliamente conocido, existe otro tipo, muy llamativo y sorprendente, que se conoce como Sexomnia o Sonambulismo Sexual.

La sexomnia es una variante del sonambulismo, en la que el sonámbulo es capaz de realizar actos sexuales con otra persona mientras continúa dormido. Normalmente, las relaciones sexuales las suelen tener con la persona que duerme a su lado, pero se han llegado a dar casos de sexomnes que se levantan de cama, salen de su casa y realizan el acto sexual con extraños. Como ocurre con el sonambulismo normal, al día siguiente no recuerdan nada.

Estoy seguro que conocer este tipo de trastorno despertará más de una sonrisa, a las que contribuirá saber que hay personas que afirman que las relaciones sexuales con su pareja son mejores y más satisfactorias durante un episodio de sexomnia, o que hay personas que prefieren dormir separadas de su pareja sexomne para poder disfrutar de una tranquila noche de descanso. También generará una buena dosis de simpatía la confesión, hecha con mucho humor, de una pareja británica que explicó que su hijo había sido concebido mientras uno de ellos estaba dormido, o recordar que, al igual que ocurre con el sonambulismo convencional, al día siguiente la persona se suele levantar fatigada, sin saber exactamente a qué achacar el motivo de su tremendo cansancio.

Sin embargo, no debemos olvidar nunca que la sexomnia es un trastorno psicológico y como tal es algo que debe ser tomado con absoluta seriedad ya que, como cualquier otra clase de trastorno mental, puede causar una enorme cantidad de sufrimiento, tanto a quien lo padece como a otras personas con las que el sonámbulo conviva o interactúe.

Así, la sexomnia puede ser la causa de infidelidades que supongan un motivo de profundo dolor o ruptura en una pareja. En la parte más oscura y dramática de este trastorno, se han dado casos en los que el sonámbulo ha llegado a convertirse en un agresor sexual y cometer violaciones. En situaciones así, determinar la responsabilidad legal por agredir sexualmente a alguien se vuelve algo muy complejo. Ha habido ya alguna sentencia en la que el tribunal ha absuelto a una persona del delito de violación por entender que sufría de esta patología.

Los expertos recomiendan ser muy prudentes al diagnosticar este trastorno del sueño, ya que si bien es un desorden real, en otros casos puede ser utilizado como argumento para la defensa legal contra una acusación tan grave como la de violación. Una vez más, como ocurre con todos los trastornos mentales, no se debe utilizar a la ligera y siempre debe ser diagnosticado por un profesional.

Trastorno del comportamiento del sueño REM

Este trastorno consiste en episodios repetidos en los que la persona se despierta hablando, respondiendo o gritando y haciendo movimientos. Estos comportamientos son una respuesta al contenido de lo que se está soñando, que suele ser un sueño sobre una amenaza o que implica alguna clase de acción. Bajo este trastorno el individuo traslada a la realidad lo que está diciendo y haciendo en el sueño, normalmente una pesadilla o un sueño en el que se siente amenazado de algún modo y en el que debe defenderse o escapar. Los comportamientos propios de esta alteración psicológica, que delatan lo que la persona está haciendo o diciendo en el sueño, se llaman *comportamientos de representación del sueño*.

Las conductas de representación del sueño pueden resultar peligrosas tanto para quien padece el trastorno, por causa de lesiones producidas al gesticular y golpearse contra algo o caerse de la cama, como para cualquiera que se encuentre cerca, ya que al tratarse de reacciones ante una —imaginada— amenaza pueden resultar bastante agresivas y con facilidad desembocar en patadas, golpes o empujones a cualquiera que se halle cerca del radio de acción de quien se despierta de una forma tan brusca.

Este trastorno se llama así porque ocurre durante la segunda fase del sueño, la fase REM, que es el momento en el que debido a que se está soñando el cerebro están tan activo como cuando se está despierto.

Tras el repentino despertar, la persona recuerda con claridad lo que ha estado soñando y suele pasar por unos momentos de malestar emocional, que a menudo incluyen un sentimiento de vergüenza.

Síndrome de las Piernas Inquietas

El síndrome de las piernas inquietas es, como su propio nombre indica, un trastorno del sueño en el que la persona necesita mover las piernas como reacción para librarse de una serie de sensaciones en las piernas que le resultan molestas, incómodas y desagradables.

Las sensaciones que provocan esta respuesta motora suelen ser picores, cosquilleos, calambres y sensación de quemazón. Como ocurre cuando estamos despiertos, mover las extremidades produce cierto alivio de esas sensaciones.

El síndrome de las piernas inquietas no solo afecta a quien lo padece, debido a la alteración del ciclo del sueño y al malestar que producen los picores, calambres, hormigueos y demás, sino que también afecta a los compañeros de cama, que lógicamente resultan con facilidad molestados y despertados, viéndose así también alterado su tiempo de descanso.

A pesar de su nombre, en este trastorno no solo son las piernas lo que se mueven, sino que también se pueden mover los brazos, siempre con la intención de librarse del mismo tipo de sensaciones desagradables.

Es un trastorno del sueño que se da con más frecuencia en mujeres que en hombres, y habitualmente suele empezar entre los 20 y los 30 años de edad.

Aclaraciones

Además de la clasificación de los trastornos del sueño recogida en los manuales diagnósticos DSM y CIE, existe un manual con una clasificación específica para este tipo de desórdenes. Es la Clasificación internacional de los Trastornos del Sueño, conocida por sus siglas en inglés como ICSD (International Classification of Sleep Disorders). Ha sido realizada por la Academia Americana de Medicina del Sueño (American Academy of Sleep Medicine) y en la actualidad se encuentra en su segunda edición.

Clasificación diagnóstica

El trastorno de Kleine-Levin no viene exactamente recogido bajo ese nombre en el DSM-5, ni mucho menos bajo el de síndrome de la Bella Durmiente. Si bien es cierto que se lo menciona, la clasificación clínica más aproximada es Síndrome de Hipersomnia. En la CIE, su equivalente es el Hipersomnio No Orgánico.

El trastorno por pesadillas sí es una clasificación clínica que figura en el DSM-5. Se enmarca dentro de los llamados Trastornos del Sueño-Vigilia, y es lo que se clasifica como una parasomnia (un trastorno que se da durante el sueño y durante el cual se producen una serie de comportamientos o funcionamientos fisiológicos anormales). En la CIE, el trastorno por pesadillas se denomina tan solo Pesadillas y se incluye dentro de los Trastornos del Sueño No Orgánicos, es decir, no debidos a causas físicas.

La sexomnia como tal también está incluida en el DMS-5, y como en el caso anterior se la considera una parasomnia. Su clasificación diagnóstica completa es Trastorno del Despertar del Sueño No REM, Tipo con Sonambulismo, con Comportamiento Sexual Relacionado con el Sueño. En la CIE, la sexomnia se incluye directamente como un tipo de Sonambulismo.

También considerado una parasomnia, el trastorno del comportamiento del sueño REM es una clasificación clínica, y por lo tanto aparece recogido bajo ese mismo nombre en la quinta edición del DSM. En la CIE se le considera una Enfermedad del Sueño.

El síndrome de las piernas inquietas está descrito como tal en el DSM-5, y también se puede encontrar dentro del apartado dedicado a las parasomnias. En la CIE se le enmarca dentro de las enfermedades del sistema nervioso, bajo el complejo nombre de Otros Desórdenes Extrapiramidales y del Movimiento Especificados.

Referencias

American Academy of Sleep Medicine (2001). International classification of sleep disorders, revised: Diagnostic and coding manual. Chicago, Illinois: American Academy of Sleep Medicine.

FUENTES DOCUMENTALES

Arnulf, I., Lecendreux, M., Franco, P. y Dauvilliers, Y. (2008). *Le syndrome de Kleine-Levin*. París: Orphanet. Recuperado el 21 de marzo de 2016 de http://www.orpha.net/consor/cgi-bin/OC_Exp.php?lng=ES&Expert=33543

BBC.com (2013, 9 de mayo). *"Sexomnia": sexo en estado de sonambulismo*. Londres: BBC. Consultado en http://www.bbc.com/mundo/noticias/2011/06/130508_salud_sexomnio_gtg

Blanco, I. (2011, 20 de noviembre). *«Sexomnia» un trastorno del sueño cada vez más frecuente*. Madrid: La Razón, Audiovisual Española 2000 S.A. Consultado en http://www.larazon.es/historico/8613-sexomnia-un-trastorno-del-sueno-cada-vez-mas-frecuente-plla_razon_406124#.Ttt13OnFQAyvlOi

Hadhazy, A. (2015, 11 de marzo). *¿Cuánto tiempo podemos estar sin dormir?* Londres: BBC. Consultado en http://www.bbc.com/mundo/noticias/2015/03/150310_vert_fut_sueno_dormir_lp

Manes, F. (2015, 13 de octubre). *¿Para qué nos sirve dormir?* Madrid: Ediciones El País S.L. Consultado en http://elpais.com/elpais/2015/10/12/ciencia/1444635682_009779.html

Mars, M. D. (2014, 10 de abril). *El Síndrome de la Bella Durmiente*. Valladolid: Siquia, Psicólogos online. Consultado en http://www.siquia.com/2014/04/el-sindrome-de-la-bella-durmiente

MuyInteresante.es (2016). *¿Qué es la sexomnia?* Madrid: MuyInteresante.es, GyJ España Ediciones, S.L. Consultado el 22 de marzo de 2016 en http://www.muyinteresante.es/curiosidades/preguntas-respuestas/ique-es-la-sexomnia

PSICOPATÍA: ¿LA MENTE DEL CRIMINAL?

A lo largo del libro hemos visto trastornos psicológicos que sin duda resultan profundamente llamativos por cómo se manifiestan, es decir, por lo que las personas que los padecen dicen y hacen.

Decir que a uno le faltan órganos internos o que está muerto, mentir patológicamente hasta el punto de falsear la propia identidad con tal de conseguir ser aceptado en un hospital, reportar que un familiar ha sido suplantado por un extraño físicamente idéntico, amenazar de muerte a los padres, desarrollar miedos enfermizos hacia estímulos aparentemente normales o sentirse abrumado cuando se está en presencia de obras de arte, hasta el punto de llegar a desmayarse, son, no me lo negará, reacciones, conductas y comportamientos altamente sorprendentes.

Sin embargo, para terminar el libro he decidido dedicar el último capítulo a un trastorno en el que lo más sorprendente es todo lo contrario a comportamientos o conductas tan llamativos como los vistos hasta ahora. En el trastorno sobre el que trataremos a continuación, lo que resulta más sorprendente es la absoluta normalidad que aparentan quienes lo padecen, incluso cuando están manifestando conductas completamente disfuncionales.

Si bien es completamente cierto que cuando este trastorno se manifiesta en su forma más extrema resulta profundamente turbador, creo que no lo es menos cuando se da uno cuenta de que su forma más extrema no es la más abundante, y toma conciencia de que cualquiera de nosotros puede estar conviviendo o relacionándose con personas que padecen uno de los trastornos psicológicos más dañinos y aterradores que existen, y que muy probablemente ni tan siquiera llegue a sospecharlo. Me refiero a la psicopatía.

Los psicópatas

Cuando se habla de psicópatas, a todos nos vienen a la mente imágenes de películas, historias y noticias sobre personas que cometieron crímenes en serie o espeluznantes asesinatos.

Películas como *El silencio de los corderos*, en la que se nos muestra al exquisitamente educado Hannibal Lecter, que combinaba sus modales de caballero inglés con un impulso irrefrenable de asesinar y comerse a sus víctimas, o historias y noticias relacionadas con personas como Charles Manson (creador de una secta responsable de cometer varios asesinatos horribles, entre ellos los de la actriz estadounidense Sharon Tate), Ted Bundy (conocido como «el asesino de la carretera», al que se le atribuyen decenas de muertes), el asesino del Zodíaco (cuya identidad nunca fue descubierta y que en una carta confesó ser responsable de la muerte de 37 personas) o Edmund Kemper (individuo con un cociente intelectual propio de un superdotado y que fue conocido por los apodos de «el asesino de las colegialas» o «el gigante asesino», por causa de su elevada estatura) nos hacen pensar en los psicópatas como personas extremadamente inteligentes, calculadoras y frías que son capaces de cometer los más horribles crímenes, y que después no muestran ni la más mínima señal de arrepentimiento o culpa, ya que son capaces de seguir cometiendo ese tipo de actos criminales.

Efectivamente esto es así, al menos en lo que respecta a la manifestación más extrema de este trastorno. Sin embargo, la realidad completa es que un psicópata no tiene por qué terminar siempre siendo un asesino. Se calcula que este trastorno afecta aproximadamente al 1,5 % de la población, en concreto en torno al 1% de la población femenina y al 3% de la masculina (entre la que se da con más frecuencia). Esto quiere decir que en una población de unos 46 millones de habitantes, como es el caso de España, el número de psicópatas se puede contar en varias decenas de miles, unos 69.000 aproximadamente. El porcentaje de población afectada que termina siendo un asesino o asesina es muy bajo.

Por lo tanto, no todos los que lo padecen psicopatía son delincuentes y criminales, sino que muchos de ellos son amigos, parejas, jefes o incluso líderes de países, con una vida perfectamente normal. Condicionados por este trastorno, su forma de pensar y comportamiento, sin llegar a ser delictivos, pueden causar mucho dolor y sufrimiento, a ellos y a los demás, amén de privar a las personas de su entorno de la posibilidad de disfrutar de dosis de felicidad en las situaciones más normales y cotidianas, sin que estas siquiera tengan conciencia de que están interactuando con alguien que sufre un trastorno mental. Esto es precisamente lo que a mi juicio lo hace además de sumamente sorprendente, profundamente perturbador.

La psicopatía

Como indicaré en el apartado *Aclaraciones*, la psicopatía como tal no existe clínicamente, sino que su denominación es Trastorno de la Personalidad Antisocial. Sin embargo, debido al alcance y repercusión social de libros, películas y noticias como las que antes veíamos, el término psicópata se ha hecho tan popular y su arraigo es tal, que resulta casi imposible hablar de este trastorno o tipo de personalidad y no optar por utilizar los términos psicópata, psicopatía o personalidad psicópata, debido a lo profundamente enraizados que están en la conciencia y cultura populares. Y aun aceptando hablar en esos términos, la realidad es que existen dos tipos de psicópatas, los psicópatas integrados y los psicópatas criminales.

El *psicópata integrado* es aquella persona que presenta las características propias de un psicópata pero que no llega a cometer delitos o crímenes y se encuentra perfectamente integrado en la sociedad, con amigos, trabajo y familia. También recibe la denominación de psicópata subclínico, porque a pesar de mostrar actitudes y comportamientos propios de la psicopatía, su número o intensidad no permite clasificarlo clínicamente como tal.

El *psicópata criminal* es aquel en el que las características de la psicopatía se dan en grado extremo, lo que hace que sea capaz de llegar a cometer delitos y crímenes, algunos de una naturaleza atroz.

Es en el primer tipo de psicópatas, los integrados, sobre el que pretendo llamar la atención con este capítulo.

Características de un psicópata

Las principales actitudes y comportamientos que presenta la persona afectada por psicopatía son los siguientes:

1.– **Encanto superficial**. Los psicópatas pueden ser encantadores y carismáticos en la distancia corta. Su carácter manipulador, su egocentrismo y su ausencia de vergüenza hacen que sean capaces de interpretar un rol de amabilidad como medio para ser aceptados o conquistar a los demás.

2.– **Alta capacidad para manipular a las personas**. La intención de una persona con psicopatía será siempre minar y destruir la autoestima de las personas con las que se relaciona.

3.– **Elevada inteligencia.** Una característica común de quienes tienen este tipo de personalidad es que suelen ser individuos con un cociente intelectual por encima de la media. Normalmente los demás los definen como personas «muy inteligentes».

4.– **Egoísmo y egocentrismo patológicos.** El grado de egocentrismo y egoísmo de los psicópatas puede llegar a extremos enfermizos, ya que piensan que satisfacer sus deseos y necesidades está por encima de cualquier necesidad, deseo o incluso derecho de cualquier otra persona.

5.– **Incapacidad para amar.** Las personas con psicopatía son incapaces de establecer relaciones sanas con los demás. No son capaces de establecer lazos afectivos con nadie, por lo que sus relaciones, incluso las sexuales, suelen ser superficiales, fugaces y esporádicas.

6.– **Ausencia de remordimientos.** Un psicópata no siente ningún sentimiento de culpa o vergüenza por sus acciones, ya que debido a su egocentrismo entiende que todo lo que hace sirve para satisfacer sus deseos y establecer su visión de la realidad como dominante.

7.– **Agresividad.** La psicopatía se caracteriza por comportamientos agresivos y hostiles hacia los demás, ya que no se repara en ningún momento en que se puedan estar hiriendo los sentimientos de otra persona. Además de agresividad, los psicópatas también muestran una profunda irritabilidad, una baja tolerancia a la frustración y una elevada arrogancia.

8.– **Insinceridad.** Los psicópatas mienten constantemente. No profundizarán en las relaciones con otras personas, por lo que no les importa no establecer para las relaciones personales unas bases sólidas. Utilizan a los demás para conseguir sus propios fines y satisfacer sus deseos, motivo por el cual recurrirán de forma frecuente al engaño y a la mentira. No sentirán ninguna clase de remordimientos por ello.

9.– Falta de empatía. La psicopatía se caracteriza por una absoluta incapacidad para ponerse en el lugar de otra persona, y esforzarse así en tomar conciencia de su sufrimiento o sus necesidades. Esta carencia convierte a los psicópatas en personas completamente insensibles al dolor ajeno.

10.– Irresponsabilidad. Un psicópata es un irresponsable, porque no se da cuenta de las consecuencias que sus actitudes y comportamientos pueden tener sobre él o ella y sobre otras personas. Esta irresponsabilidad les lleva también a ser completamente incapaces de hacer planes a medio y largo plazo.

11.– Impulsividad. Esta última característica de la personalidad psicópata se refiere a que no suelen ser capaces de controlar sus impulsos, lo que les hace actuar de forma irreflexiva, sin valorar las consecuencias que se pueden derivar de sus acciones.

Las relaciones con un psicópata

Dejando a un lado, si eso es posible, las manifestaciones más extremas de este trastorno y que llevan a las personas a cometer actos criminales (los psicópatas criminales), resulta preocupante pensar que cualquier persona puede mantener relaciones, sean del tipo que sean (personales, labores, etc.), con un psicópata integrado y no ser consciente de la especial personalidad con la que trata.

Tan real es este peligro que la psicopatía, junto con el **narcisismo** (admiración excesiva por uno mismo) y el **maquiavelismo** (manipulación de los demás para obtener algún tipo de beneficio) forma lo que se ha venido a denominar como la Tríada Oscura de la Personalidad, es decir, los tres tipos de personalidad más oscuros que pueden tener los seres humanos y que resultan enormemente dañinos en las relaciones con los demás.

Las relaciones con una psicópata integrado normalmente estarán marcadas por el constante abuso y el chantaje emocional, el maltrato psicológico, la hostilidad en forma de reproches, insultos y amenazas, la culpabilización, la manipulación, la indiferencia a las demandas, necesidades y estados emocionales de otras personas, la imposición y otras actitudes y comportamientos que resultan altamente destructivos para la autoestima de las personas con quienes se relacionan y para las propias relaciones en sí mismas, que no tardarán mucho en ser consideradas por cualquiera que se vea involucrado en ellas como muy negativas y perjudiciales.

Imaginemos por un momento que una persona que tenga varios rasgos de personalidad psicópata, sin llegar al extremo de cometer ningún crimen o delinquir, tiene responsabilidad laboral sobre otras personas o establece una relación sentimental con alguien. Al principio de cualquiera de estos dos tipos de relación, su encanto superficial y capacidad de manipulación sutil harán que los demás perciban la relación como positiva o muy deseable, pero a medida que pase el tiempo, la persona psicópata comenzará a desplegar una serie de actitudes y comportamientos encubiertos destinados a atacar la integridad y la autoestima de las demás personas que compongan esa relación.

A partir de ese momento comenzarán, e irán subiendo de intensidad, las culpabilizaciones, los chantajes, los desprecios, las descalificaciones, los abusos, la hostilidad… y la persona o personas objeto de ellos no los habrán visto venir. Incluso es probable que de alguna manera la víctima de tales conductas se sienta en alguna medida responsable o culpable de todas estas actitudes, ya que el psicópata desplegará todo su arsenal destructivo de forma retorcida y manipuladora, haciendo todo lo posible por maltratar psicológicamente y culpabilizar y atacar la autoconfianza de las personas con las que establezca una relación.

Todo esto ocasionará que en las relaciones con personas que tienen este tipo de personalidad sean relaciones que causan un alto grado de sufrimiento psicológico, y que conllevan un elevado desgaste personal y pérdida de autoestima, y por lo tanto de capacidad para valorar o disfrutar de posteriores relaciones.

Es esta invisibilidad inicial de la psicopatía, al principio oculta detrás de una máscara de encanto superficial, bondad fingida y cierto carisma personal, lo que la hace uno de los trastornos o tipos de personalidad más sorprendentes y aterradores que existen, porque, al igual que una planta carnívora de bonitos colores atrae a los insectos que después constituirán su alimento, pueden ser auténticas trampas en forma de personas en las que cualquiera puede caer sin tan siquiera darse cuenta. Es más, puede que incluso al principio esté deseoso o deseosa de establecer esa relación.

Aclaraciones

Si hablar sobre cualquier trastorno mental resulta complejo, más lo es en el caso de la psicopatía. La personalidad humana está formada por lo que se denominan *rasgos* de personalidad (formas de ser que nos acompañarán a lo largo de la vida) que se pueden dar en cada uno de nosotros con diferentes intensidades y variaciones, por lo que no son pocos los autores que defienden que se no se puede hablar de una personalidad psicopática sin más. Habrá casos en los que una persona tendrá todos o muchos de los rasgos de personalidad propios de la psicopatía, y con facilidad se le podrá calificar como tal, pero en otros casos tendrá solo alguno o algunos, lo que puede hacer de ella una persona problemática o con la que sea difícil relacionarse, pero no por ello se la podrá clasificar como psicópata, o a sus relaciones como dañinas.

Por ello, si bien siempre hay que tener sumo cuidado a la hora siquiera de pensar que alguien puede padecer un desorden psicológico, en este caso la precaución debe ser máxima, ya que algunos de los rasgos que caracterizan a la personalidad psicopática son comportamientos que podemos observar en personas que en absoluto padecen este trastorno, como puede ser el caso del encanto superficial, la falta de sinceridad, la ausencia de empatía, la manipulación, el egoísmo o la incapacidad para seguir un plan de vida.

Estas y otras conductas, aunque también son propias de la psicopatía, en muchos casos no son más que formas de comportarse debidas a inmadurez, inseguridad, miedo, deficiencias educativas o a algún tipo de carencia personal, y son conductas que cualquiera de nosotros pueden mostrar en algún momento de su vida, sin que por ello deba considerarse un psicópata.

A menudo existe cierta confusión para distinguir entre *psicopatía* y *sociopatía*. En ambos casos, en el imaginario colectivo tanto psicópatas como sociópatas se suelen asociar con personas que cometen atroces crímenes.

La principal diferencia entre ambos es que la psicopatía es un trastorno mental provocado por un tipo de personalidad específica, la personalidad psicópata, mientras que la sociopatía, aunque comparte muchos de los comportamientos típicos de los psicópatas, es un trastorno provocado por el entorno en el que se vive, que es percibido como hostil, enfermizo o sin sentido y que lleva a la persona a desarrollar actitudes y comportamientos parecidos a los de la psicopatía.

Abusos durante la infancia o traumas sufridos en alguna época de la vida pueden ser los desencadenantes de la sociopatía, mientras que no lo son en el caso de la psicopatía, que se puede manifestar aun cuando se crezca en entornos amables y comprensivos, como vimos cuando tratamos el síndrome del emperador.

Algunos autores y profesionales de la salud mental se refieren a la psicopatía más que como un trastorno como un tipo específico de personalidad. Por este motivo a lo largo del capítulo he utilizado tanto la expresión *trastorno* como *personalidad psicópata*, *psicopatía* o *psicópatas*. En cualquier caso, y no siendo mi intención profundizar en este tipo de cuestiones, es válido incluir la psicopatía en un libro sobre trastornos mentales porque está recogida en los manuales diagnósticos, como veremos a continuación.

Clasificación diagnóstica

Como apuntaba al principio del capítulo, la psicopatía está incluida en el DSM-5, aunque no bajo ese nombre. Se enmarca dentro de los Trastornos de la Personalidad y se la conoce como Trastorno de la Personalidad Antisocial.

En la CIE-10 se encuentra recogida bajo el nombre de Trastorno Disocial de la Personalidad.

Referencias

Blake, G., Bozman, R.M., Goetzman, G., Saxon, E. y Utt, K. (productores) & Demme, J. (director) (1991). *El silencio de los corderos* [Cinta cinematográfica]. USA: Strong Heart/Demme Production y Orion Pictures.

FUENTES DOCUMENTALES

Asesinos-en-Serie.com (2012) *Asesinos en serie.* Consultado el 27 de marzo de 2016 en http://www.asesinos-en-serie.com

Cleckley, H. M. (1976). *The mask of sanity: An attempt to clarify the so-called psychopathic personality (5th ed.).* St. Louis, MO: C.V. Mosby.

Hall, J. R. y Benning, S. D. (2006). *The "successful" psychopath: Adaptative and subclinical manifestation of psychopathy in the general population.* En C. J. Patrick (Ed.), *Handbook of psychopathy* (pp. 459-478). New York, NY: Guilford Press.

Hare, R. D. (1991). *The Hare Psychopathy Checklist-Revised (PCL-R).* Toronto, Ontario, Canadá: Multi-Health Systems.

Jáuregui Balenciaga, I. (2008). *Psicopatía: pandemia de la modernidad.* Nómadas, Revista Crítica de Ciencias Sociales y Jurídicas, 19 (2008.3).

Pozueco Romero, J.M., Moreno Manso, J.M., Blázquez Alonso, M. y García-Baamonde Sánchez, M.E. (2013). *Psicópatas integrados/subclínicos en las relaciones de pareja: perfil, maltrato psicológico y factores de riesgo.* Papeles del Psicólogo, 2013. Vol. 34(1), pp. 32-48.

Rubín Martín, A. (2015). *10 Psicópatas Famosos de la Historia.* Sevilla: Lifeder.com. Consultado el 27 de marzo de 2016 en http://www.lifeder.com/psicopatas-famosos

MÁS TRASTORNOS, SÍNDROMES, COMPLEJOS...

Como decía al principio del libro, en los últimos tiempos han empezado a usarse, y en algunos casos a popularizarse, una serie de trastornos, síndromes y complejos que, al menos bajo el nombre que se les da, no se encuentran en los manuales de clasificación diagnóstica.

En algunos casos los comportamientos que los caracterizan pueden encontrarse en categorías diagnósticas más generales que sí están recogidas en los manuales diagnósticos. Así por ejemplo, en lugar de síndrome de Hikikomori (en referencia a jóvenes japoneses que se recluyen en sus casas) los manuales diagnósticos hablan de Fobia Social. En otros casos, todavía no se les ha prestado la atención suficiente como para incluirlos en los manuales, o sí se les ha prestado y se ha decidido que no se trata de trastornos psicológicos. Sea como fuere, y aunque a lo largo del libro hemos visto ya más de un trastorno de este tipo, a continuación describiré brevemente algunos de ellos.

Esta proliferación de nuevos trastornos refleja una vez más que la mente humana es muy compleja, y esta nueva ola de complejos, síndromes y trastornos bien puede ser la consecuencia de la cantidad de variaciones que la mente puede presentar. O tal vez son el reflejo de la aparentemente ilimitada capacidad humana para crear y etiquetar como trastornos psicológicos conductas que no son más que variaciones de trastornos ya conocidos. O incluso tal vez sea parte de una tendencia excesivamente médica, demasiado centrada en buscar y señalar la enfermedad, que, aunque haya nacido con la buena intención de localizar la enfermedad para curarla, a veces conduce a etiquetar como trastornos mentales comportamientos que no son más que comprensibles, aunque complejas, respuestas de adaptación a nuevas formas de vida o a la sociedad misma, o lógicas y normales reacciones de sufrimiento frente circunstancias adversas.

Cuál de estas opciones es la más correcta es algo que, a mi juicio, debería preocupar y ocupar buena parte del tiempo de los profesionales de la salud mental.

Síndrome de Hikikomori: el miedo a la vida

Aunque la denominación de síndrome de Hikikomori había sido ya utilizada unas décadas atrás, esta alteración psicológica comenzó a ser conocida y popularizarse a partir del año 2000, cuando fue usada por el psiquiatra japonés Tamaki Saito para describir cierto tipo de conductas de aislamiento social que venía observando en jóvenes de su país desde hacía un tiempo.

Con esta denominación, el doctor Saito se refería a jóvenes japoneses, principalmente adolescentes, que debido a las dificultades que tenían para integrarse en la sociedad, junto con cierta tendencia a la depresión y a malas relaciones sociales y familiares, decidían recluirse en sus casas y habitaciones, refugiándose en realidades virtuales o alternativas como los videojuegos, Internet o los comics y películas manga (género japonés de historietas, cómics y películas de animación).

Las personas que desarrollan este tipo de comportamiento pasan largas temporadas recluidas en sus casas y evitan todo contacto con el exterior. En caso de tener que salir para realizar alguna compra, tratan de hacerlo en las primeras horas de la mañana o durante la noche para evitar al máximo cualquier tipo de contacto o interacción social. En ocasiones, este aislamiento social puede terminar en suicidio.

Los últimos estudios calculan que este síndrome afecta a un millón y medio de jóvenes y ya no tan jóvenes japoneses, principalmente varones, aunque nuevas estimaciones no confirmadas se aventuran a colocar esta cantidad en casi tres millones de personas.

En la actualidad, comienzan a llevarse a cabo estudios en Occidente para investigar este trastorno. En España se han realizado ya algunas investigaciones de este tipo, y se comienza a hablar de él como Síndrome de Puerta Cerrada.

Este trastorno no figura como tal en los manuales diagnósticos. En el DSM la clasificación que se refiere a conductas de aislamiento y evitación social es el Trastorno de Ansiedad Social, conocido como Fobia Social. En la CIE, su equivalente serían las Fobias Sociales, incluidas dentro los Trastornos Fóbicos de Ansiedad.

El Síndrome de Peter Pan: el rechazo a madurar

¿Quién no conoce a Peter Pan? Es el famoso personaje creado por el escritor escocés James Matthew Barrie en los primeros años del siglo XX, protagonista de obras de teatro, cuentos y películas, que se ha convertido ya en un mito de la literatura y la cultura popular.

Peter Pan es un niño que no crece. Siempre niño, vive en el País de Nunca Jamás, un reino de fantasía poblado de piratas, hadas y demás personajes fantásticos. Acompañado de su hada particular, Campanilla, rechaza por completo el mundo de los adultos y está siempre dispuesto a sumergirse alegremente en las más maravillosas aventuras en compañía de sus amigos.

Pues bien, de forma parecida a lo que ocurría con el síndrome de Münchhausen, se ha utilizado el nombre de este personaje ficticio para referirse a una conducta que se cataloga como anormal o problemática. Se trata del síndrome de Peter Pan.

Esta expresión se usa para referirse a conductas de adultos, mayoritariamente varones, que se niegan a aceptar su edad y la etapa de la vida en la que se encuentran, y tratan de mantener estilos de vida propios de la infancia o la juventud. Se caracterizan por no querer asumir ningún tipo de responsabilidad, por huir de cualquier clase de compromiso, por ser emocionalmente inmaduros, por sufrir de una inseguridad crónica, por buscar la satisfacción inmediata de necesidades superficiales y por ser incapaces de establecer las relaciones personales y profesionales propias de su edad.

La definición de estos comportamientos como trastorno psicológico ha sido y es más o menos aceptada por el gran público desde que en 1983 se dio a conocer el libro del psicólogo norteamericano Dan Kiley, titulado *El síndrome de Peter Pan: hombres que nunca han crecido* (en inglés, The Peter Pan Syndrome: Men Who Have Never Grown Up). Sin embargo, a pesar de la rápida aceptación que el conocimiento de este síndrome produce en muchas personas, es necesario decir que no está reconocido como trastorno psicológico.

Es posible que las conductas descritas bajo el nombre de este síndrome proliferen en nuestras sociedades occidentales actuales, y por ello se reconozcan con rapidez cuando son leídas o explicadas. Quizá más que buscar su origen en un trastorno psicológico, haya que buscarlo en el tipo de sociedades que hemos construido, competitivas, duras y exigentes, en donde un normal desarrollo humano no está siempre al alcance de todos, lo que a veces puede ocasionar que algunas personas, asustadas o decepcionadas, busquen un fácil refugio en comportamientos propios de épocas de su vida en donde la felicidad era mucho más fácil de conseguir. Además, en sociedades dominadas por el consumo, las compras casi compulsivas y el placer inmediato, estos comportamientos de huida hacia lo superficial rápidamente son asimilados y reforzados.

Sea como sea, el síndrome de Peter Pan no tiene la consideración clínica de trastorno psicológico en ninguno de los manuales diagnósticos de clasificación. A fecha de hoy, la inmadurez no está considera como una enfermedad mental.

El síndrome de Wendy: los cuidados excesivos

Habiendo un síndrome de Peter Pan, por supuesto no podía faltar un síndrome de Wendy.

Wendy Darling es también un personaje del cuento de Peter Pan. Junto con sus hermanos, fue llevada por aquel al País de Nunca Jamás. Una vez allí, al principio mantiene la misma actitud que todos, negándose a madurar, rechazando el mundo adulto y dejándose llevar por la infantil actitud de Peter Pan de querer disfrutar e involucrarse en todas las aventuras que ocurren en esa fantástica tierra, pero a medida que avanza el relato, Wendy va madurando y asumiendo que alguien debe cuidar y preocuparse por todos los niños que siguen a Peter. Y se da cuenta de que debe ser ella quien vigile que no les ocurra nada malo.

A la vista de esta descripción, y tras el éxito del libro por el que dio a conocer el síndrome de Peter Pan, parece evidente que no podía pasar mucho tiempo sin que de nuevo el psicólogo estadounidense Dan Kiley encontrara en el cuento escrito por James Matthew Barrie nuevos argumentos para un libro sobre un nuevo síndrome. Así es como nació el síndrome de Wendy, descrito en su libro *El complejo de Wendy: Cuando las mujeres dejan de ser madres de sus maridos* (The Wendy Dilemma: When Women Stop Mothering Their Men). Y si el síndrome de Peter Pan era mayoritariamente propio de los hombres, el síndrome de Wendy sería característico de las mujeres.

El síndrome de Wendy, también conocido como dilema o complejo de Wendy, hace referencia a las conductas de sobreprotección que una persona puede tener sobre otra, en especial en las de una madre con un hijo o las de una mujer para con su marido.

En el caso de sobreprotección de una madre hacia un hijo pequeño, esta siempre se preocupará de aliviarle y evitarle cualquier tarea, preocupación o responsabilidad que pueda tener. Se encargará de hacerle los deberes del colegio, se preocupará de que se despierte a tiempo todas las mañanas, tratará de que nunca le falte dinero para cualquier capricho y se desvivirá por que no le falte nada y que pueda satisfacer hasta el más superficial de sus deseos.

En el caso de una pareja, si un hombre adulto es un Peter Pan, que se niega a crecer y solo busca la diversión y el placer inmediato, puede ocurrir que a su lado esté una mujer, preocupada por su actitud inmadura, cuidándole hasta el extremo y atendiendo todas las responsabilidades que la edad adulta y la vida en pareja conllevan, y que el infantil émulo de Peter Pan deja completamente de lado, como pueden ser la educación de los hijos, el bienestar de la relación de la pareja, las preocupaciones económicas o el desarrollo profesional.

Las principales características de este síndrome serán un gran miedo al rechazo, la necesidad de sentirse imprescindible para otras personas, asumir que el amor siempre conlleva sacrificio, la búsqueda de la satisfacción de las necesidades de los demás aun a costa de las propias, una elevada necesidad de seguridad y una muy baja tolerancia a la soledad y a la desaprobación.

Quien padece el síndrome de Wendy no muestra estas conductas por una excesiva responsabilidad o preocupación, sino que lo hace para compensar un enorme miedo al rechazo y a la soledad.

Los comportamientos propios de este síndrome están motivados por rechazos o desatenciones ocurridos en una parte más temprana de la vida y que causaron a la persona un profundo dolor y sufrimiento, lo que la lleva a tratar de evitar a toda costa que se vuelvan a repetir.

Tanto el síndrome de Peter Pan como el dilema de Wendy tienen unas profundas connotaciones de género, ya que en un principio encasillan tanto a hombres y mujeres en roles tópicos y discriminatorios, si bien es necesario decir que en ocasiones ambos se utilizan para referirse a comportamientos que se dan en personas de ambos sexos.

Al igual que ocurría con el de Peter Pan, el síndrome de Wendy no está recogido en los manuales de clasificación de los trastornos mentales, así que también se puede afirmar que, a día de hoy, la sobreprotección o la preocupación excesiva por los seres queridos no puede ser considerada un trastorno mental.

Si bien es cierto que evidentemente pueden existir casos de sobreprotección hacia parejas o hijos, no se tratan de enfermedades mentales. A poco que se conozcan las causas que llevan a ellos, resulta fácil comprenderlos y empatizar con la persona que otorga esos cuidados. Y es también muy sencillo, con la guía adecuada, ponerles remedio si la persona lo desea.

Como sin duda muchos lectores sabrán, en el cuento de Peter Pan hay un personaje que se llama Campanilla, una pequeña hada que acompañaba siempre a Peter a donde quiera que este fuese.

Pues bien, en algunos casos hay quien habla ya del síndrome de Campanilla, pero normalmente en este caso no se trata de profesionales queriendo dar nombre, con más o menos acierto, a algún comportamiento que altera problemáticamente la vida de las personas, sino que se trata de personas que, seguro con buena intención, tratan de alguna manera de seguir la tendencia marcada por Dan Kiley en sus libros, porque con facilidad, pero sin ninguna rigurosidad científica, se puede establecer cierto paralelismo entre la conducta de un personaje de ficción y las de las personas en la realidad (no hay que olvidar que para desarrollar sus personajes los escritores se inspiran siempre en personas de carne y hueso). Sin embargo, nada hay en el mundo de la psiquiatría o psicología denominado síndrome de Campanilla, que pueda ser tenido en cuenta lo suficiente como para incluirlo en un apartado como este.

El síndrome de Ulises: el sufrimiento del emigrante

Ulises, u Odiseo, es el nombre del legendario héroe protagonista de la *Odisea*, la famosa obra del poeta griego Homero.

La Odisea narra el largo regreso a su país natal, Ítaca, de donde era rey, por parte de Ulises, tras haber combatido en la guerra de Troya. Debido a la ira y al capricho de los dioses, Ulises tarda diez años en regresar a su hogar y volver a estar con su esposa Penélope y su hijo Telémaco, viéndose obligado durante ese tiempo a hacer frente a numerosos peligros y enormes dificultades que los dioses ponen en su camino, como tempestades, gigantes de un solo ojo (cíclopes) o sirenas de bello canto pero de mortal abrazo.

Inspirado en este legendario poema surge el nombre de un síndrome psicológico de actualidad, que no está recogido en ninguno de los manuales diagnósticos de referencia usados para clasificar los trastornos mentales. En cualquier caso, veamos brevemente en qué consiste.

El síndrome de Ulises, también denominado síndrome del emigrante con estrés crónico y múltiple, es una expresión que se utiliza para referirse a los síntomas psicológicos de reacción al estrés que presentan personas que se ven obligadas a dejar sus países y emigrar a otros lugares en busca de una vida mejor.

Una persona que abandona forzosamente su país de origen se ve sometida a varias pérdidas, que le pueden causar enormes cantidades de estrés que termine por repercutir en su salud física y psicológica. Estas pérdidas se viven con el mismo proceso psicológico que cuando se pierde a un ser querido (el llamado *duelo*) y, según el psiquiatra español Joseba Achotegui, se engloban en siete tipos posibles de pérdidas: familia y seres queridos, idioma, cultura, tierra, estatus social, contacto con el grupo social de pertenencia y falta de seguridad física. Todas estas pérdidas afectan a los emigrantes, al igual que debieron afectar a Ulises en su largo viaje de regreso a casa.

Estas duras circunstancias pueden causar en las personas desplazadas soledad, desesperanza, pérdida de identidad, sensación de fracaso, inseguridad y miedo, entre otros estados psicológicos posibles. De esta manera, todas esas pérdidas se convierten en factores estresantes que afectan a la salud integral de la persona migrante.

Normalmente este tipo de síndrome se utiliza para referirse a personas que se ven obligadas a dejar su país en circunstancias extremas y sin las garantías y seguridades más básicas, como ocurre en el caso de desastres naturales, guerras o profundas crisis económicas, antes que para definir el estado de aquellas personas que abandonan su lugar de nacimiento de una forma más o menos voluntaria y por decisión propia, y que tienen la suerte de contar con mayores seguridades, oportunidades y apoyos, tanto en el país de destino como en su país de origen.

El síndrome de Ulises es lo que se llama un *cuadro psicológico*, es decir, un conjunto de síntomas que aparecen como reacción a una situación que causa sufrimiento (en este caso, una enorme cantidad de estrés) pero, como señalaba al principio del apartado, no se trata de un trastorno mental con consideración clínica.

Oniomanía: el síndrome del comprador compulsivo

La oniomanía, también llamada síndrome del comprador compulsivo o adicción a las compras, es un desorden psicológico de nuevo cuño. Quienes hablan de este trastorno se refieren con estas expresiones al comportamiento de personas que sienten un deseo desmedido e irrefrenable de comprar cosas, lo que les lleva a realizar compras de forma obsesiva y repetitiva.

Tras este patrón de conducta se suele esconder un trastorno psicológico de fondo, normalmente relacionado con la ansiedad. Al realizar cualquier tipo de compra, el oniomaníaco experimenta una sensación placentera y una satisfacción inmediata, que le sirven para aliviar un estado de ansiedad crónico que está siempre presente en su estado de ánimo.

La oniomanía no tiene la consideración clínica de trastorno mental, si bien algunas personas pueden pensar que es una variante del conocido como trastorno obsesivo-compulsivo, ya que la acción de comprar bien parece una compulsión que se realiza para dar salida a una obsesión, pero en realidad no es así.

Una compulsión es una acción que se hace de forma repetitiva para dar alivio a un pensamiento, imagen mental o idea que aparece en la mente sin motivo alguno, en cualquier circunstancia, y que causa ansiedad y un profundo malestar psicológico (por ejemplo, pensar que si alguien nos toca nos contaminará o visualizar a un ser querido sufriendo cuando hacemos una determinada acción sin importancia, como cerrar una puerta). La manera que se encuentra para dar salida a ese pensamiento, idea o imagen mental perturbadora es realizar una acción, la compulsión, que nos libere de ella, como lavarse las manos, decir alguna frase o repetir la acción que hacíamos cuando nos vino a la mente esa imagen mental, para hacerla de nuevo pero sin tener ese pensamiento intrusivo, como sería girar la cabeza varias veces, abrir y cerrar una puerta de forma repetitiva, etc.

Las llamadas compras compulsivas a las que se refiere la oniomanía no son tales. En primer lugar, porque no se realizan para aliviar un pensamiento intrusivo, es decir, un pensamiento que no se quiere tener y que se percibe como negativo, sino que se hacen para dar salida a un deseo, y por lo tanto a algo que se percibe como positivo. Por otra parte, la acción de comprar no es una compulsión porque clínicamente una compulsión se puede definir como una conducta de alivio mental que no produce ningún tipo de satisfacción al realizarse (por ejemplo, una persona que debido a un trastorno obsesivo-compulsivo se lava las manos cada vez que toca a alguien no experimentará ninguna satisfacción al realizar ese ritual).

El DSM menciona varias veces las compras compulsivas como conductas asociadas a trastornos mentales, como en el caso del propio trastorno obsesivo-compulsivo o la cleptomanía (impulso que lleva a robar todo tipo de cosas sin tener necesidad de ellas, solo por el mero acto de robar), y si bien les reconoce compartir características comunes con algunos tipos de adicciones, afirma que «no existen suficientes datos científicos para establecer los criterios diagnósticos y las descripciones de su curso, fundamentales para considerar estos comportamientos como trastornos mentales» (American Psychiatric Association, 2014, p. 481).

Así pues, a pesar de que sí se puede reconocer que existen ciertos factores psicológicos a tener en cuenta tras las compras propias del síndrome del comprador compulsivo, estas guardan relación más con las conductas propias de las adicciones que con las de las obsesiones y compulsiones, y aun reconociendo que este tipo de conducta puede resultar problemática, al causar problemas económicos o de almacenamiento de la ingente cantidad de cosas compradas, hay que decir que clínicamente no está reconocida como un trastorno mental en los manuales diagnósticos.

Por muy atractivo que resulte hablar de la oniomanía o de las compras compulsivas como un trastorno, en realidad no tiene esa consideración.

FUENTES DOCUMENTALES

Síndrome de Hikikomori

20minutos.es (2014, 11 de noviembre). *Advierten del aumento en España del 'hikikomori', el síndrome japonés de aislamiento social.* Madrid: 20 Minutos Editora, S.L. Consultado en http://www.20minutos.es/noticia/2292740/0/hikikomori /aislamiento-social/estudio-espana

Estébanez, B. (2016). *Hikikomori: jóvenes encerrados permanentemente en su habitación.* Barcelona: Psicología y mente. Consultado el 23 de marzo de 2016 en https://psicologiaymente.net/clinica/hikikomori-sindrome -oriental-habitacion

Peláez, J. (2014, 28 de febrero). *Los 2 casos del síndrome de Hikikomori en España.* Gipuzkoa: Cuaderno de Cultura Científica, Cátedra de Cultura Científica de la Universidad del País Vasco. Consultado en http://culturacientifica. com/2014/02/28/sindrome-de-hikikomori-en-espana

Rizaldos, M.A. (2016, 24 de enero). *Síndrome Hikikomori. Fobia Social extrema.* Madrid: Consultado en http://www.rizaldos. com/2016/01/24/sindrome-hikikomori-fobia-social- extrema

Síndrome de Peter Pan

Barrie, J.M. (2009). *Peter Pan. La obra completa.* Madrid: Neverland Ediciones.

Kiley, D. (1983). *The Peter Pan Syndrome: Men Who Have Never Grown Up.* Nueva York: Dodd, Mead and Company.

The New York Times (1996, 1 de marzo). *Dan Kiley, psicólogo, autor de 'El síndrome de Peter Pan'.* Madrid: Ediciones El País S.L. Consultado en http://elpais.com/diario/1996/03/01/ agenda/825634802_850215.html

Síndrome de Wendy

Kiley, D. (1984) *The Wendy Dilemma: When Women Stop Mothering Their Men.* Nueva York: Arbor House Publishing.

Gimeno, A (2016). *El Síndrome de Wendy.* Barcelona: Psicología y mente. Consultado en https://psicologiaymente.net/clinica/sindrome-de-wendy

The New York Times (1996, 1 de marzo). *Dan Kiley, psicólogo, autor de 'El síndrome de Peter Pan'.* Madrid: Ediciones El País S.L. Consultado en http://elpais.com/diario/1996/03/01/agenda/825634802_850215.html

Síndrome de Ulises

Achotegui, J. (2002). *La depresión en los inmigrantes.* Una perspectiva transcultural. Editorial Mayo. Barcelona.

Achotegui, J. (2005). *Estrés límite y salud mental: el síndrome del inmigrante con estrés crónico y múltiple (síndrome de Ulises).* Sociedad Española de Neuropsiquiatría, Revista Norte, Volumen V, Nº 21. pag. 39-53.

Achotegui, J. (2007). *El síndrome de Ulises. El síndrome del inmigrante con estrés crónico y múltiple.* Madrid: Pensamiento crítico, Acción en red. Consultado el 25 de marzo de 2016 en http://www.pensamientocritico.org/josach0407.html

Homero (2012). *Odisea (Clásica).* Barcelona: Austral, Grupo Planeta.

Oniomanía

American Psychiatric Association (2014). *Manual diagnóstico y estadístico de los trastornos mentales: DSM-5.* Buenos Aires: Panamericana.

UNA ÚLTIMA PALABRA

Tal vez no le faltaba razón al prolífico escritor Isaac Asimov cuando en uno de sus libros afirmaba que «la psiquiatría —psicología— se está volviendo demasiado popular. Todo el mundo habla de complejos y neurosis, de psicosis y coacciones, y sabe Dios qué». El retumbar de esa frase en mi cerebro a lo largo de los años me llevó a decidir escribir este libro.

A través de estas páginas hemos tratado muchos desórdenes, trastornos, alteraciones y síndromes psicológicos. Como ha visto, algunos de ellos tienen la consideración clínica de trastorno mental pero otros no la tienen, no siendo más, ni menos, que cuadros psicológicos de síntomas, que si bien pueden causar dosis de sufrimiento o problemas para las personas, no deben ser calificados como trastornos clínicos, puesto que no están considerados como enfermedades mentales.

Además de los que he decidido incluir en el libro, hay otras conductas, alteraciones o desórdenes de los que es probable que tenga noticias o las vaya a tener en el futuro, como el complejo de Jonás (el miedo al éxito), el boreout (el síndrome del aburrimiento), el síndrome de Blancanieves (el miedo a perder atractivo físico a medida que se cumplen años), el síndrome del impostor (la sensación que algunas personas tienen de no merecer la vida que llevan), el síndrome de la llamada fantasma (personas que imaginan frecuentemente que su teléfono móvil está sonando), la vigorexia (adicción al ejercicio físico) o el síndrome del superviviente (malestar que sienten las personas que sobreviven a una crisis o accidente), entre muchos otros comportamientos posibles.

Algunas de las variaciones que presenta la psicología humana durante su desarrollo se tratan de trastornos, de auténticas enfermedades mentales y como tal deben ser consideradas y tratadas. Sin embargo, hay alteraciones, preocupaciones y problemas psicológicos que son solo maneras de reaccionar a la vida, sea porque no la entendemos, porque no la asimilamos o porque nos cuesta encajar alguna dificultad o suceso vital.

En estos casos, si bien puede ser necesario y recomendable buscar apoyo, consejo o ayuda profesional para afrontarlos, no hay que dejarse llevar por el temor hacia lo que todavía no comprendemos, y asustarse creyendo que se sufre algún trastorno o síndrome psicológico del que alguien nos ha hablado o sobre el que hayamos leído algo. Como dijo el gran poeta Antonio Machado, «nadie debe asustarse de lo que piensa, aunque su pensar aparezca en pugna con las más elementales leyes de la lógica».

Espero sinceramente que a partir de ahora, al escuchar comentarios o leer noticias en las que se hable de estas y otras conductas, disponga ya de suficiente conocimiento como para, al menos, poner en duda si se tratan de trastornos mentales clínicos, en espera de que busque más información sobre ellos o un profesional le aclare si realmente tienen esa consideración, si suponen algún tipo de problema y si son algo por lo que debería preocuparse.

Por mí parte nada más. Espero que haya disfrutado del libro tanto como yo escribiéndolo. Ojalá volvamos a encontrarnos de nuevo.

Referencias

Asimov, I. (2004). *Sueños de robot*. Barcelona: Editorial Debolsillo.

BIBLIOGRAFÍA Y RECURSOS

LIBROS

American Psychiatric Association (2014). *Manual diagnóstico y estadístico de los trastornos mentales: DSM-5*. Buenos Aires: Panamericana.

Berrios, G. E. (2009). *Historia de los síntomas de los trastornos mentales. La psicopatología descriptiva desde el siglo XIX*. México, D.F.: Fondo De Cultura Económica.

Ministerio de Sanidad, Servicios Sociales e Igualdad de España (2016). *Clasificación Internacional de Enfermedades: 10ª revisión: Modificación clínica: CIE.10.ES*. Madrid: Ministerio de Sanidad, Servicios Sociales e Igualdad.

Organización Mundial de la Salud (2004). *CIE-10, trastornos mentales y del comportamiento: descripciones clínicas y pautas para el diagnóstico*. Madrid: Meditor.

Organización Mundial de la Salud (2013). *Plan de acción sobre salud mental 2013-2020*. Ginebra: Ediciones de la OMS.

REVISTAS

Chesney, E., Goodwin, G.M. y Fazel, S. (2014). *Risks of all-cause and suicide mortality in mental disorders: a meta-review.* World Psychiatry, 13: 153-160.

Gili, M., Roca, M., Basu, S., McKee, M., & Stuckler, D. (2012). *The mental health risks of economic crisis in Spain: evidence from primary care centres, 2006 and 2010.* The European Journal of Public Health. doi: 10.1093/eurpub/cks035

Martínez, M., Dolz M., Alonso J., Luque I., Palacín C., Bernal M., Codony M., Haro J. M. y Vilagut G. (2006): *Prevalencia de los trastornos mentales y factores asociados: resultados del estudio ESEMeD-España.* Medicina. Clínica. 12 (126), 445 – 451.

RECURSOS

American Psychological Association, APA (2014). *APAPsycNET.* Washington, D.C.: American Psychological Association. Página web http://psycnet.apa.org/index.cfm?fa=search.defaultSearchForm

Doi (2015). *Digital Object Identifier System.* Wilmington, Delaware: International DOI Foundation. Consultado en http://www.doi.org

IMDb.com (2016). *Internet Movie Database.* Seattle: IMDb.com Inc. Consultado en http://www.imdb.com

Informa UK Limited (2014). *Taylor & Francis Online. The online platform for Taylor & Francis Group content.* London: Informa UK Limited. Página web http://www.tandfonline.com/

ITHAKA (2000-2014). *JSTOR.* New York: ITHAKA. Página web http://www.jstor.org/

Noves Idees per a la Xarxa, S.L. (2015). *Proverbia.net.* Valencia: Novixar. Página web http://www.proverbia.net

OMS (2016). *Organización Mundial de la Salud.* Ginebra: OMS. Consultado en http://www.who.int/es

Real Academia Española (2016). *Diccionario de la lengua española (23ª ed.).* Madrid: Real Academia Española. Consultado en http://www.rae.es

Regader, B.; García-Allen, J., Triglia, A. y Palaus, I. (2016). *Psicología y mente.* Barcelona: Psicología y mente. Página web https://psicologiaymente.net

University of Oxford (2014, 23 de mayo). *Many mental illnesses reduce life expectancy more than heavy smoking.* Oxford, UK: University of Oxford. Consultado en http://www.ox. ac.uk/news/2014-05-23-many-mental-illnesses-reduce-life-expectancy-more-heavy-smoking#

SOBRE MÍ

Nací en A Coruña (España) en 1973. Soy licenciado en Psicología por la Universidad de Santiago de Compostela.

Empecé ejerciendo desde la iniciativa privada, poniendo en marcha un programa de deshabituación de conductas adictivas. Más tarde trabajé como orientador en un proyecto de inserción laboral destinado a jóvenes, colectivos desfavorecidos y personas en riesgo de exclusión social. En los últimos años he impartido actividades de formación tanto en el sector privado como en colaboración con la Universidad de A Coruña, combinándolas una labor profesional en la empresa privada, y me he dedicado a escribir libros de psicología práctica.

He sido miembro de la Asociación Colegial de Escritores de España y formo parte de la Author Central de Amazon para escritores independientes.

Para saber más sobre mí y sobre mi trabajo, visite mi página web: http://www.ricardocalza.es

CONTACTO

Puede enviar sus sugerencias o comentarios al autor a la dirección de correo electrónico ricardocalza@hotmail.es

ERRATAS

Hago revisiones periódicas de mis libros para corregir cualquier error que pueda encontrar. En caso de que a lo largo del libro haya encontrado algún error o errata, por favor, no deje de indicármelo enviándome un correo electrónico.

Le estaré muy agradecido y enseguida me encargaré de hacer todo lo posible para que se corrija.

www.ingramcontent.com/pod-product-compliance
Lightning Source LLC
Chambersburg PA
CBHW062159280526
45788CB00001B/361